FICHES BAC

T^le^ L, ES

Géographie

- **Christophe Clavel**
Professeur à l'Institut d'études supérieures de Normandie
Chargé de cours à l'université de Rouen
- **Claire Vidallet**
Professeur agrégée d'histoire
au lycée Joliot-Curie (Nanterre)

Hatier

SOMMAIRE

Cochez la case quand vous avez révisé ☑ la fiche ou la partie

CHECK LIST

L'Amérique : puissance du Nord, affirmation du Sud

L'Afrique : les défis du développement

L'Asie du Sud et de l'Est : les enjeux de la croissance

DÉPLIANT ET RABATS

- Les 7 croquis du bac
- Petite méthode du croquis

NOTEZ BIEN !

L'achat de cet ouvrage vous permet de bénéficier d'un accès gratuit aux ressources d' annabac.com : podcasts, fiches de cours, quiz, annales corrigées…

Pour profiter de cette offre, rendez-vous sur **annabac.com** dans la rubrique **« Vous avez acheté un ouvrage Hatier ? »**

Crédits iconographiques

p. 17 : ph © Wikimedia Commons • p. 21 : ph © J. F. Perigois/Fotolia • p. 29 : ph © Wikimedia Commons • p. 31 : ph © Erik Christensen / Wikimedia Commons • p. 43 : ph © Maersk Line • p. 55 : ph © Aleksandar Mijatovic / Fotolia • p. 59 : ph © Archives Hatier • p. 72 à 81 : ph © Wikimedia Commons • p. 89 : © Apple France

Malgré nos efforts, il nous a été impossible, pour certains documents, de joindre les photographes ou leurs ayants droit, ainsi que les éditeurs ou leurs ayants droit, pour solliciter l'autorisation de reproduction, mais nous avons naturellement réservé en notre comptabilité des droits usuels.

Conception maquette : **Favre & Lhaïk** • *Édition :* **Claire Cornubert** *et* **Florence Bachatène** • *Schémas :* **Lasergraphie**
Cartographie : **Légendes Cartographie** • *Mise en pages :* **STDI**

L'épreuve d'histoire-géographie au bac L, ES

1

1 L'épreuve écrite

A Descriptif

▶ L'épreuve écrite dure 4 heures et comprend **deux parties** :

1. une composition d'histoire ou de géographie ;

2. un exercice dans la discipline qui ne fait pas l'objet de la composition :

– en histoire : une étude critique d'un ou deux documents ;

– en géographie : une étude critique d'un ou deux documents, ou une production graphique (croquis).

▶ L'**évaluation** de la copie est globale.

B La composition en histoire ou géographie

▶ **Deux sujets** vous sont proposés au choix.

Leur **formulation** peut prendre des formes diverses :

– reprise (partielle ou totale) d'un intitulé du programme ;

– question ou affirmation ;

– problématique explicite ou non.

▶ Il s'agit de montrer que vous savez :

– **analyser** un sujet ;

– **organiser** vos connaissances ;

– **rédiger** un texte comportant une introduction, plusieurs parties structurées et une conclusion ;

– intégrer éventuellement une (ou des) production(s) graphique(s).

Pour plus de conseils, → FICHE 2.

C L'étude critique d'un ou deux documents en histoire ou géographie

▶ L'objectif est :

– de **dégager le sens général** du document, en relation avec la question à laquelle il se rapporte ;

– de **montrer son intérêt et ses limites** éventuelles.

▶ En géographie, vous devez également faire apparaître les **enjeux spatiaux** que le document exprime et la manière dont il en rend compte.

▶ Lorsque deux documents sont proposés, il vous faut également les **mettre en relation** en montrant l'intérêt de cette confrontation. Pour plus de conseils, → FICHE 2.

C Production graphique en géographie

Pour la réalisation du croquis de géographie, un fond de carte vous est fourni.

2 *L'épreuve orale de contrôle*

Il s'agit d'une épreuve de rattrapage. Si vous n'avez pas obtenu la moyenne à l'ensemble des épreuves écrites du premier groupe, vous pouvez repasser l'épreuve d'histoire-géographie à l'oral.

A Durée et contenu de l'épreuve orale

▶ Cette épreuve dure **20 minutes** :
– 10 minutes d'exposé ;
– 10 minutes d'entretien.
Le temps de préparation est de 20 minutes.

▶ Le sujet comprend **une question d'histoire et une question de géographie**.
L'une des deux questions est accompagnée d'un document que vous devez présenter et interpréter.
L'autre question est une question de cours qui porte sur une partie du programme.

B Quelques conseils

Utilisez une partie du temps de préparation pour produire un **plan détaillé** que vous garderez sous les yeux pendant l'exposé.
C'est un aide-mémoire qui vous permettra de réaliser une présentation claire, selon une logique démonstrative.

Rédiger une composition 2

Un sujet de composition porte sur l'équivalent de deux ou trois heures de cours. Son libellé s'appuie sur celui des questions du programme.

1 Objectifs

▶ Il s'agit de montrer que vous savez **analyser un sujet** et que vous maîtrisez les connaissances nécessaires à son traitement.

▶ Vous devez également prouver votre capacité à **rédiger** un texte comportant une introduction, plusieurs **parties structurées** et une conclusion.

2 Démarche à mettre en œuvre

A Analyser le sujet et mobiliser ses connaissances

▶ Lisez attentivement le sujet en repérant les **mots clés**. Notez-en les définitions au brouillon. Identifiez le ou les espaces concernés.

▶ Puis **mobilisez vos connaissances** : listez les notions à ne pas oublier, les informations principales, les exemples significatifs.

B Formuler une problématique et construire un plan

▶ La **problématique** doit dégager les enjeux du sujet et annoncer le fil conducteur du devoir. Il faut la formuler sous la forme d'une question, pour qu'elle soit clairement identifiable par le correcteur.

▶ Transformez l'idée centrale de la problématique en deux ou trois questions, qui vont vous permettre d'élaborer un **plan structuré**. Le plan analytique est fréquent en géographie mais vous pouvez également être amené à utiliser un plan comparatif, voire dialectique.

Sujet	Ce qui est attendu	Plan à privilégier
analytique	Décrire et expliquer un phénomène	analytique (facteurs, aspects, conséquences ou limites)
comparatif	Présenter les points communs et les différences entre deux éléments	thématique en comparant, pour chaque thème, les éléments d'étude
dialectique	Discuter une affirmation	dialectique (thèse, antithèse, synthèse)

▶ Notez au brouillon les **informations, arguments, exemples**, qui s'intègrent dans chacune des parties.

▶ Choisissez **la ou les productions graphiques** (→ FICHE 5) à réaliser pour argumenter. Ces productions graphiques ne sont pas obligatoires mais elles sont valorisées par les correcteurs.

C Rédiger

▶ L'**introduction** doit comporter trois parties :
– l'annonce du sujet (accroche), la définition des mots importants et de l'espace concerné ;
– la problématique ;
– l'annonce du plan : les différentes parties de votre composition doivent être clairement formulées.

▶ Le **développement** doit être structuré. Chaque partie commence par une phrase résumant l'idée générale. Il est très important d'intégrer des exemples pour soutenir votre argumentation et prouver votre bonne maîtrise du sujet.

▶ Si vous ajoutez des **schémas**, n'oubliez pas leur titre et leur légende. Dans le développement, vous pouvez renvoyer à ces schémas : « le schéma montre que… » ou bien : « cf. schéma ci-dessous ».

▶ Il faut soigner les **transitions** entre les différentes parties de votre composition : en une phrase, reprenez l'idée générale de ce qui précède, et introduisez l'idée générale de la partie suivante.

▶ La **conclusion** répond à la problématique et élargit le sujet à un autre espace.

D Soigner la présentation

▶ Veillez à **soigner la présentation** de votre copie :
– chaque paragraphe commence par un alinéa ;
– entre deux grandes parties, il faut sauter quelques lignes ;
– l'écriture doit être bien lisible.

▶ Une **relecture** attentive de votre composition doit vous permettre de corriger d'éventuelles fautes d'orthographe.

CONCLURE

Pour réussir une composition, vous devez mobiliser vos connaissances sur le sujet, les organiser selon un plan cohérent, rédiger votre devoir de manière claire et progressive.

Mener une étude critique de documents

3

L'étude de documents en géographie propose souvent deux documents, dont une carte. Il s'agit d'en extraire les informations fournies et d'en dégager les enjeux spatiaux.

1 *Objectifs*

▶ L'étude doit vous permettre de **rendre compte du contenu** du ou des documents proposés et de dégager ce qu'ils apportent à la compréhension des phénomènes géographiques évoqués.

▶ Vous devez mener une étude critique en montrant **l'intérêt et les limites éventuelles** du ou des documents. Dans le cas où il y a deux documents, mettez en évidence l'intérêt de leur confrontation.

2 *Démarche à mettre en œuvre*

A Analyser le sujet

▶ Prenez connaissance **du titre et de la consigne** qui accompagnent le(s) document(s) : repérez les mots clés.

▶ Lisez attentivement le(s) document(s). Dégagez-en le **sens général** en relation avec l'objet géographique auquel ils se rapportent.

▶ Pour faire apparaître les **enjeux spatiaux** qu'ils expriment et la manière dont ils en rendent compte, posez-vous les questions suivantes : quelles sont les notions du programme à utiliser ? Quels sont les espaces mis en valeur ? Y a-t-il des emboîtements d'échelles ?

▶ Interrogez-vous sur **l'intérêt et les limites** éventuelles du ou des documents en prenant la distance critique nécessaire. Pour y parvenir, une bonne maîtrise des enjeux de la question est essentielle.

▶ Montrez, le cas échéant, l'intérêt de la **confrontation des documents** : quels aspects du document 1 sont éclairés par le document 2, et inversement ? Quelles informations nouvelles apporte le document 2 ? Les documents se contredisent-ils ?

B Construire un plan

▶ Classez les informations prélevées dans les documents en deux ou trois ensembles, qui constitueront **les parties de votre développement**. La consigne vous aidera probablement à élaborer ce plan.

▶ Éclairez ces informations par vos **connaissances**, celles-ci vous permettant de compléter, de nuancer, de critiquer.

▶ Dans le cas d'une étude de deux documents, il ne faut surtout pas séparer leurs analyses.

C Rédiger l'étude critique

▶ L'**introduction** doit rapidement présenter les documents, en insistant sur leur nature, sur l'espace et le thème concernés. Elle doit se terminer par une annonce du plan.

▶ Le **développement** doit être structuré en deux ou trois parties.
Citez très précisément les documents s'il s'agit de textes et expliquez toutes vos citations.
Si le document est une carte, décrivez précisément les phénomènes représentés.

▶ Une **conclusion** rapide doit remettre en perspective le ou les documents.

D Soigner la présentation

▶ Veillez à **soigner la présentation** de votre copie :
– chaque paragraphe commence par un alinéa ;
– entre deux grandes parties, il faut sauter quelques lignes ;
– l'écriture doit être bien lisible.

▶ Une **relecture** attentive de votre composition doit vous permettre de corriger d'éventuelles fautes d'orthographe.

CONCLURE

Dans une étude de document, il ne faut pas paraphraser le document mais expliciter (éclairer) ce qu'il exprime. Critiquer le document consiste, non pas à donner son opinion personnelle, mais à confronter le document à une information contradictoire.

Réaliser un croquis

4

Étant donné la liste limitée des croquis de synthèse qui peuvent tomber le jour de l'épreuve, il est recommandé de les mémoriser.

1 Généralités

A Objectifs

Un croquis est une réponse cartographique à un sujet : il s'agit de **spatialiser les informations** sélectionnées et de **les ordonner**, tout en respectant les codes de production graphique.

B Liste des 7 croquis pouvant donner lieu à sujet d'examen

- Pôles et flux de la mondialisation
- Une inégale intégration des territoires dans la mondialisation
- Les espaces maritimes : approche géostratégique
- Les dynamiques territoriales des États-Unis
- Les dynamiques territoriales du Brésil
- Le continent africain : contrastes de développement et inégale intégration dans la mondialisation
- Mumbai : inégalités et dynamiques territoriales

2 Les premières étapes

A Analyser le sujet

▶ Relevez les **mots clés** et les mots de liaison. Identifiez-le ou les **espaces concernés**.

▶ Posez-vous les questions suivantes : que veut-on démontrer ? Quels sont les espaces à mettre en valeur ?

B Construire et organiser la légende

▶ Décomposez l'idée centrale en quelques questions qui constitueront les **deux ou trois rubriques de la légende**.

▶ Sélectionnez les informations au brouillon. Vous devez ensuite les **classer** et les **hiérarchiser**.

▶ Attention aux croquis et schémas trop chargés, et donc illisibles.

3 Conseils pour la réalisation

A Organiser son travail

▶ Avant de passer à la réalisation, vérifiez avec le plus grand soin l'exactitude de vos **localisations**. On vous pardonnera une imprécision, pas une erreur majeure.

▶ D'une manière générale, il est préférable, pour des raisons de construction, de commencer par réaliser les **surfaces** (aplats de couleurs, puis zones hachurées), de continuer par les figurés linéaires (échanges, réseaux), puis ponctuels (villes).

▶ Enfin, il faudra inscrire la **nomenclature** (toponymie) avec soin, sans oublier de varier les tailles des noms en fonction de l'importance des phénomènes. Écrivez en script ou en capitales d'imprimerie, selon les besoins.

▶ **N'oubliez pas de titrer** votre production graphique.

B Faire un bon usage des couleurs

Respectez l'utilisation classique des couleurs :
– les **couleurs chaudes** (rouge, orange, jaune) sont à réserver aux phénomènes positifs ou de croissance ;
– les **couleurs froides** sont à réserver aux phénomènes négatifs ;
– pour montrer une **gradation**, il faut respecter le sens des couleurs de l'arc-en-ciel (rouge, orange, jaune, vert, bleu, violet). On peut aussi réaliser un camaïeu si l'on dispose d'assez de crayons de couleur (par exemple vert clair, moyen, sombre).

C Soigner son travail

▶ Utilisez une **règle** simple ou une règle de cartographie pour tracer les figures géométriques et les hachures.

▶ Soignez le **coloriage** des aplats : n'hésitez pas à tamponner les zones coloriées avec un mouchoir en papier (propre…) afin d'atténuer les traits de crayon.

▶ Recopiez la **légende au propre**, jamais au dos du croquis ou du schéma. Le correcteur doit avoir la légende sous les yeux en même temps que votre croquis !

CONCLURE

Pour plus d'informations sur les techniques du croquis, voir « la petite méthode du croquis » (→ RABATS I À VI).

Illustrer une composition par un schéma

5

Dans la composition de géographie, la production d'un schéma de synthèse est toujours fortement valorisée.

1 *Méthode*

▶ Le schéma vient **illustrer un élément de votre démonstration.** Votre copie doit **y faire explicitement référence,** par exemple en indiquant : « voir schéma ». Un seul suffit. Il est préférable de le construire sur une copie intercalaire, avec sa légende à côté (jamais au dos !).

▶ Déterminez d'abord ce que vous souhaitez démontrer. Comme dans un croquis, élaborez votre légende, puis schématisez les objets géographiques. Utilisez des couleurs, sans excès mais avec **logique.**

2 *Exemples*

A Sujet 1

Prenons l'exemple d'un sujet de composition sur **la croissance en Asie.** Vous pouvez illustrer les inégalités spatiales de la croissance en Chine à l'aide du schéma ci-dessous.

SCHÉMA 1. Les inégalités spatiales de la croissance en Chine.

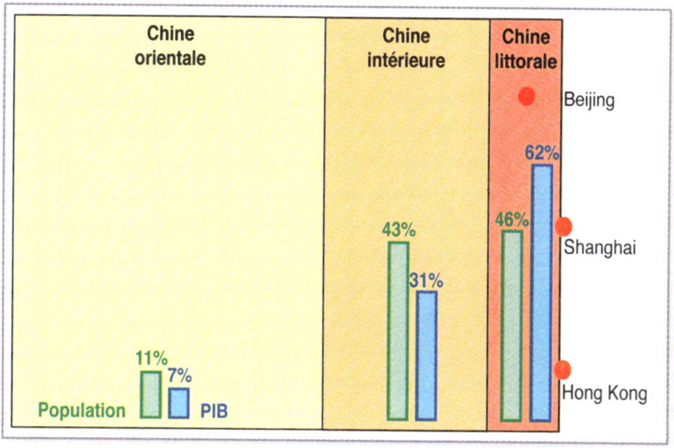

B Sujet 2

Soit un autre sujet de composition sur **les espaces maritimes dans la mondialisation**. Lorsque vous évoquez les aspects économiques, il peut être utile de s'appuyer sur le schéma ci-dessous.

SCHÉMA 2. Façades et routes maritimes.

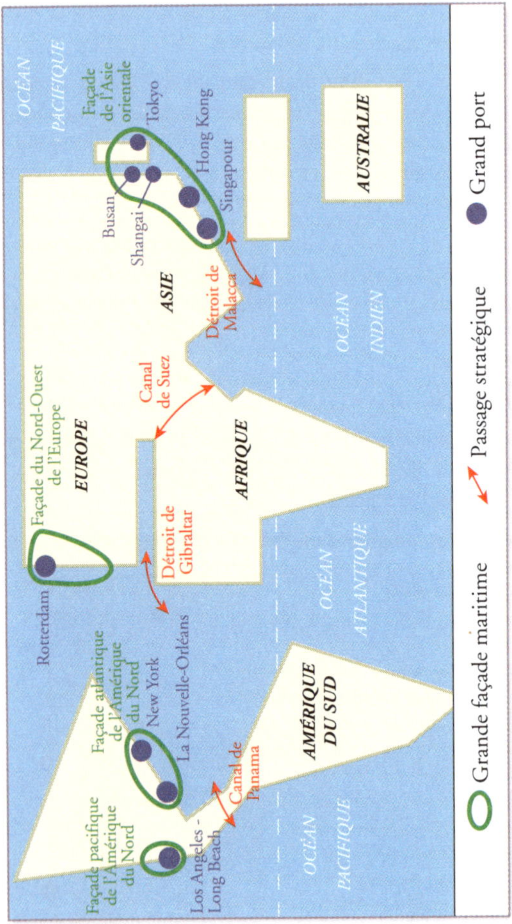

Les dynamiques géopolitiques du monde contemporain

6

QUIZ p. 23

Quelles logiques géopolitiques organisent l'espace mondial ?

1 *Les États structurent le monde*

▶ Le monde est organisé en États, entités souveraines disposant d'un territoire déterminé. Aujourd'hui, **197 États sont reconnus par l'ONU**. Jamais le monde n'a été aussi fragmenté : en 1945, il n'en comptait que 72.

▶ Ces États ont des superficies, des populations, des régimes politiques et des niveaux de développement **très divers**.

▶ **L'État joue un rôle fondamental.** Régulateur, investisseur, capable d'assurer la formation de sa population, il peut rendre son territoire attractif pour l'économie mondialisée.

2 *La multiplication des organisations internationales*

▶ Les États se regroupent au sein d'organisations internationales qui visent à **maintenir la paix** (ONU) ou remplissent des **fonctions économiques** (OMC, FMI).

▶ Des organisations se développent **au niveau régional** pour favoriser le libre-échange (UE, ALENA, etc.).

3 *La persistance des conflits*

▶ Les affrontements entre États ou au sein d'un même État, bien qu'en recul, sont toujours présents. Ils sont souvent causés par des **rivalités ethniques** ou liés aux **ressources naturelles** (eau, pétrole).

▶ La mondialisation facilite l'approvisionnement en armes et en argent, ainsi que la diffusion d'images des zones de conflits auprès de l'opinion internationale.

CONCLURE

L'espace mondial est organisé en États, eux-mêmes regroupés en organisations internationales ou régionales, dont le rôle est croissant.

L'organisation géopolitique du monde : un monde partagé

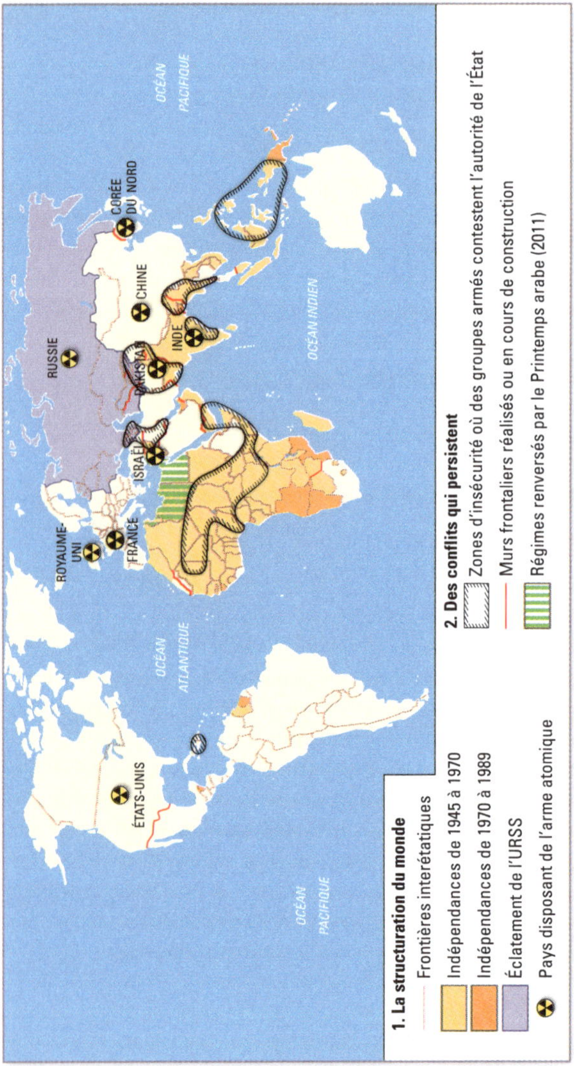

Un monde inégalement développé

7

QUIZ p. 23

Quels sont les grands contrastes de développement dans le monde ?

1 *Un monde dominé par les États riches et développés*

▶ Les États dits du **Nord** sont les plus développés : leur IDH est supérieur à 0,8. Les États de la **Triade** (Amérique du Nord, Europe occidentale et Japon) dominent cet ensemble.

▶ Il existe cependant des **contrastes de développement** au sein de ces territoires (ex. : Italie du Nord et du Sud). Les pays de l'**ancien bloc soviétique** sont dans une situation intermédiaire : certains, en particulier en Asie centrale, ne font plus partie des pays développés.

CHIFFRE CLÉ **Bien que 2e puissance mondiale, la Chine est toujours considérée comme un pays du Sud.** (→ CARTE AU VERSO)

2 *La diversité des pays en développement*

▶ Les pays en développement ont des **caractéristiques communes** : IDH généralement inférieur à 0,8, retard industriel, faible niveau d'alphabétisation, etc.

▶ Néanmoins, ils présentent des **situations très diverses** : les pays émergents (Chine, Inde…) connaissent un développement très rapide ; les pays exportateurs de pétrole sont très riches, tandis que les pays les moins avancés (PMA) restent en retard.

3 *Un monde interdépendant en réseau*

Les échanges entre pays et régions du globe explosent : les **firmes transnationales** y contribuent grandement. Les **flux les plus importants relient par ailleurs les pays les plus riches.** Les pays en développement exportent surtout des matières premières.

CONCLURE

Le monde est très inégalement développé. Il est dominé par les États les plus riches, mais la montée en puissance des pays émergents remet en question la notion de Triade et la distinction Nord/Sud.

Un espace mondial hiérarchisé et inégalement développé

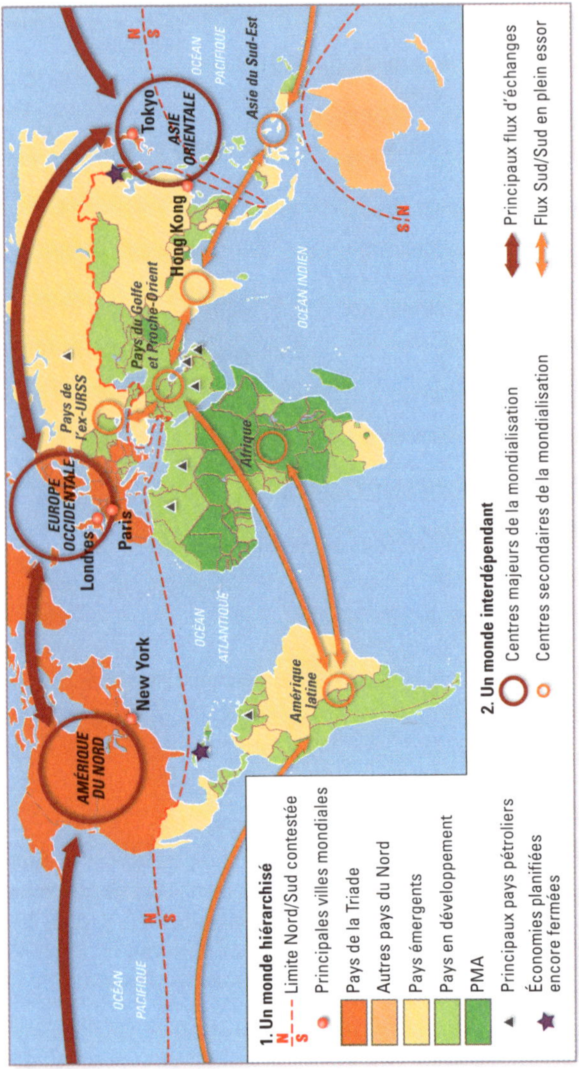

Les dynamiques géoculturelles du monde

8

QUIZ p. 23

La mondialisation s'accompagne-t-elle d'une homogénéisation culturelle du monde ?

1 La persistance des aires de civilisation

▶ Les aires de civilisation regroupent un ensemble de territoires définis par des **caractéristiques matérielles, culturelles, religieuses et linguistiques**. Leurs limites géographiques sont souvent floues.

▶ Les **langues** sont un **puissant facteur identitaire**. Si l'anglais est la langue véhiculaire la plus utilisée, le mandarin reste la langue la plus parlée dans le monde.

▶ La plupart des aires de civilisation restent très vivantes et conservent leurs traits principaux. Mais **toutes ne sont pas homogènes**.

▶ La notion d'aire de civilisation est ainsi discutable. Elle se fonde souvent sur le **critère religieux**, qui peut regrouper des cultures très différentes (ex. : la « civilisation islamique » s'étend de l'Afrique de l'Ouest à l'Extrême-Orient).

2 De puissantes résistances à l'homogénéisation du monde

▶ La **mondialisation** tend à diffuser, à l'échelle de la planète, le **mode de vie** et les **valeurs occidentales** prétendant à l'universalité, comme la démocratie ou les droits de l'Homme. On parle souvent d'une « américanisation du monde ».

CHIFFRES CLÉS Le cinéma américain représente 60 % des recettes du cinéma mondial, et 75 % des images diffusées par les télévisions du monde entier ont pour origine les États-Unis.

▶ Pourtant, de puissantes résistances identitaires, notamment culturelles, sont nées. Les **cultures locales** sont valorisées, ainsi que les langues régionales qui connaissent un renouveau important.

▶ Beaucoup d'aspects du mode de vie conservent leur **originalité**, comme l'alimentation, malgré le succès des fast food.

CONCLURE

Bien que la mondialisation tende à l'uniformisation, celle-ci est beaucoup moins avancée en matière culturelle qu'en matière économique.

Les principaux découpages culturels du monde

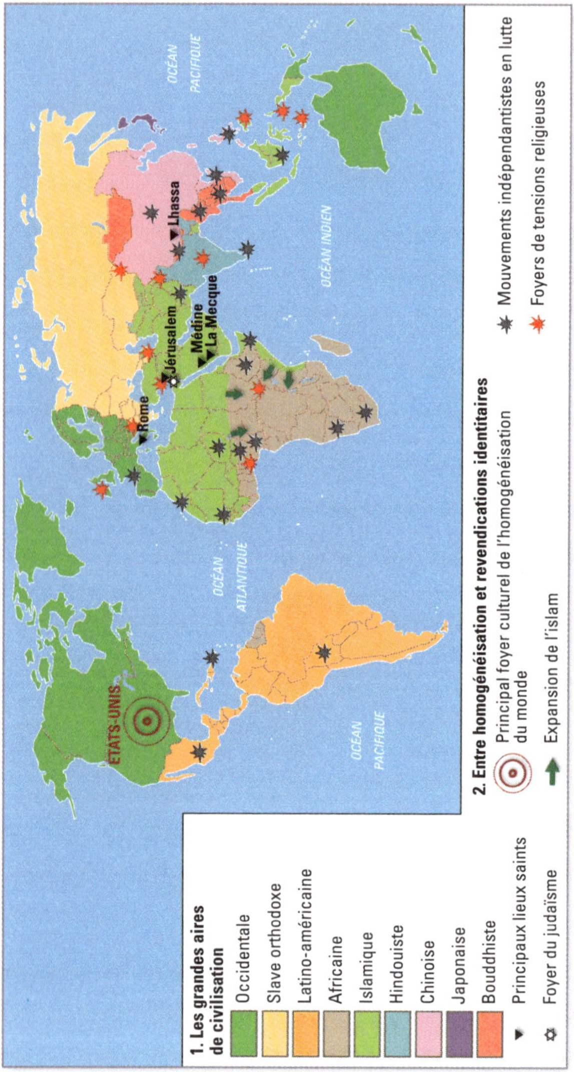

L'environnement, enjeu planétaire

9

QUIZ p. 23

Pourquoi l'environnement est-il un des enjeux majeurs du XXIe siècle ?

1 Une cause sans frontière

▶ L'utilisation abusive des ressources de la planète, due en partie à la croissance démographique, est à l'origine de **graves dégradations de l'environnement.**

CHIFFRES CLÉS
L'élévation du niveau des océans liée au changement climatique pourrait contraindre 250 millions de personnes à migrer d'ici 2050.

▶ L'eau, l'air, le réchauffement climatique ou les menaces sur la biodiversité ne connaissant pas de frontière, les **enjeux écologiques** ne peuvent s'appréhender qu'à l'échelle planétaire.

▶ Réponse aux inquiétudes suscitées par ces maux, la notion de **développement durable** cherche à concilier la satisfaction des besoins économiques et sociaux des populations avec les équilibres écologiques, afin de garantir les besoins des générations futures.

2 Une coordination internationale nécessaire mais difficile

▶ En 1992, le sommet de la Terre de Rio définit des grands principes ; en 1997, le **protocole de Kyoto** fixe des objectifs de réduction des émissions de gaz à effet de serre. Depuis, les conférences internationales aux succès divers se succèdent.

▶ La mise en pratique est difficile. Les deux plus gros pays **émetteurs de CO_2** (→ CARTE AU VERSO) sont hésitants : les **États-Unis** se sont retirés des accords de Paris (2015), la **Chine** commence seulement à lutter contre le réchauffement climatique.

▶ La mise en place de politiques ambitieuses implique la création d'**organismes internationaux de contrôle.**

CONCLURE

Les dégradations subies par l'environnement provoquent des menaces planétaires qui nécessitent une réaction concertée de la communauté internationale.

Le développement durable, un enjeu mondial

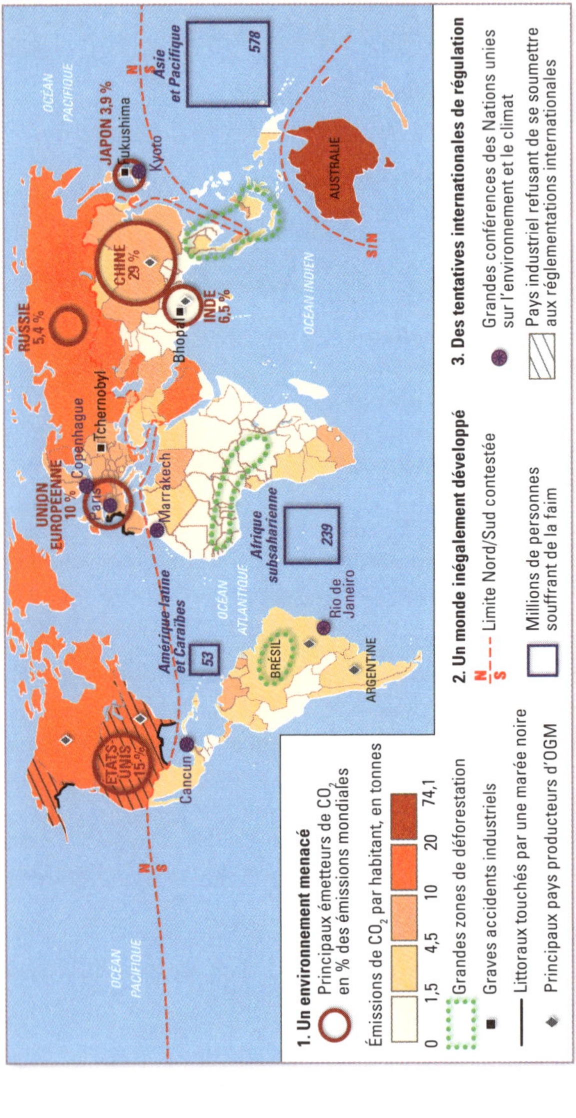

? Quiz express

10

Cochez la ou les bonnes réponses.

Des cartes pour comprendre le monde

1 *Les dynamiques géopolitiques du monde contemporain*

Combien d'États ont été créés depuis 1945 ?

☐ a. 197 ☐ b. 122 ☐ c. 75

2 *Un monde inégalement développé*

	Vrai	Faux
1. La Chine est un pays développé.	☐	☐
2. La Chine ne fait pas partie des pays émergents.	☐	☐
3. La Chine a le 2e PIB mondial.	☐	☐

3 *Les Pays en développement (PED)*

Quel est le point commun des pays en développement ?

☐ a. une espérance de vie inférieure à 62 ans

☐ b. un IDH inférieur à 0,8

☐ c. un taux d'alphabétisation inférieur à 50 %

4 *Les dynamiques géoculturelles du monde*

Comment caractériser l'homogénéisation culturelle du monde ?

☐ a. Elle se fait sur le modèle américain.

☐ b. Elle est un mythe.

☐ c. Elle suscite des résistances.

5 *L'enjeu environnemental*

1. Quel sera le nombre de migrants climatiques en 2050 ?

☐ a. 350 millions

☐ b. 250 millions

☐ c. 150 millions

2. Quels sont les deux principaux émetteurs de CO_2 dans le monde ?

☐ a. les États-Unis et l'Union européenne

☐ b. la Chine et l'Inde

☐ c. les États-Unis et la Chine

Corrigés !

Score : ... / 9

1 Les dynamiques géopolitiques du monde contemporain

Fiche 6

Réponse b. Le monde compte actuellement 197 États, contre 75 en 1945. 122 pays ont donc été créés depuis 1945. La décolonisation jusque dans les années 1970 puis la fragmentation du bloc soviétique dans les années 1990 sont les deux principales causes de cette augmentation.

2 Un monde inégalement développé

Fiche 7

1. et 2. Faux. La Chine n'est pas un pays développé car son IDH est faible : elle est classée au 90e rang mondial en 2015, avec un indice de 0,699. En revanche, son taux de croissance la classe dans les pays émergents.

3. Vrai. La Chine possède le 2e PIB mondial.

3 Les Pays en développement (PED)

Fiche 7

Réponse b. Les pays en développement ont un IDH inférieur à 0,8, car leurs indicateurs socio-économiques (PIB, santé, éducation) sont plus faibles que ceux des pays du Nord.

4 Les dynamiques géoculturelles du monde

Fiche 8

Réponses a et c. L'homogénéisation culturelle du monde se fait sur le modèle de l'*American way of life*, grâce à la diffusion planétaire des films, des séries télévisées et des clips américains. Cette américanisation du monde suscite néanmoins des résistances.

5 L'enjeu environnemental

Fiche 9

1. Réponse b. La hausse du niveau des mers, liée au changement climatique, pourrait contraindre 250 millions d'individus à quitter leur région. Les îles de l'océan Indien et le Bangladesh devraient être les premiers espaces touchés.

2. Réponse c. Les deux principaux émetteurs de CO_2 au monde sont les États-Unis (15 %) et la Chine (29 %).

Récap' express 11

Des cartes pour comprendre le monde

UN SCHÉMA POUR MÉMORISER

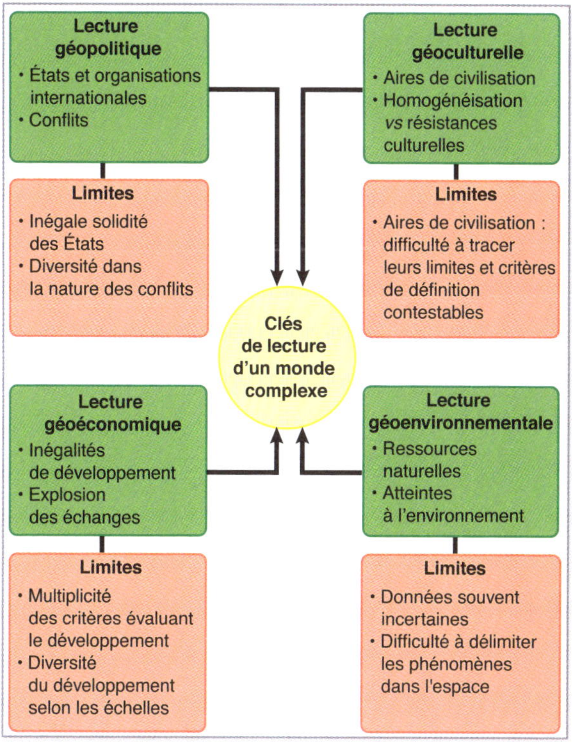

LES DÉFINITIONS

▶ ***American way of life*** **(mode de vie américain)** : modèle de société fondé sur la liberté individuelle, la consommation et les loisirs, à l'image de la société américaine.

▶ **développement durable** : développement raisonné et soucieux de l'environnement, visant à permettre la satisfaction des besoins économiques et sociaux des populations, tout en garantissant celle des générations futures.

▶ **Organisation des Nations unies (ONU)** : organisme international fondé en 1945 et ayant pour but le maintien de la paix entre les États.

▶ **produit intérieur brut (PIB)** : somme des richesses produites sur un territoire.

▶ **indicateur de développement humain (IDH)** : indice permettant d'évaluer le niveau de développement d'un État. Il est fondé sur trois critères : le PIB/habitant, l'espérance de vie à la naissance et le niveau d'éducation de la population. Sa valeur maximale est de 1.

▶ **pays en développement (PED)** : pays dont l'IDH est inférieur à 0,8. Caractérisés par une très grande diversité, ils ont pour seul point commun d'être moins développés que les pays du Nord. On y trouve les pays émergents, les nouveaux pays industrialisés, les pays producteurs de pétrole, mais aussi les PMA.

▶ **pays émergents** : pays dont l'économie connaît une croissance exceptionnelle (Brésil, Inde, Chine…).

▶ **pays les moins avancés (PMA)** : pays les moins avancés sur la voie du développement, et marginalisés dans le cadre de l'économie mondialisée. Ils se caractérisent par la faiblesse de leur PIB et de leur IDH (souvent inférieur à 0,5), et par la situation sanitaire préoccupante de leur population.

LES CHIFFRES CLÉS

Les langues dans le monde
• 5 000 langues sont recensées sur la planète, mais moins de 100 sont parlées par 95 % de l'humanité.
• 1 milliard de personnes ont le mandarin pour langue maternelle ;
• 329 millions de personnes, l'espagnol ;
• 328 millions de personnes, l'anglais ;
• 68 millions de personnes, le français.

Récap express

Un produit mondialisé : le coton

12

QUIZ p. 35

En quoi le marché du coton est-il un marché mondialisé ?

1 Les acteurs du marché mondial du coton

A Un marché mondial

▶ Le coton est la **troisième production agricole de la planète.** Il couvre environ 2,5 % des surfaces cultivables mondiales.

▶ Utilisé principalement pour l'**industrie textile**, il est aussi à la base de la fabrication d'huile et d'aliments pour le bétail.

▶ Environ **350 millions de personnes**, réparties dans plus de 150 pays, vivent de la filière cotonnière, employées le plus souvent par des entreprises de faible ou de moyenne importance.

B Une production et une consommation très concentrées

▶ Une centaine de pays produisent du coton, mais les cinq premiers pays producteurs (Chine, Inde, États-Unis, Pakistan et Brésil) fournissent près de **80 % de la production mondiale.**

▶ La **Chine, premier exportateur mondial de textile**, est simultanément le premier importateur et le premier producteur de coton : elle transforme près de 40 % de la production mondiale.

▶ Les États-Unis sont les **premiers consommateurs finaux.**

2 Le fonctionnement du marché d'un produit mondialisé

A Des conditions de production très diverses

▶ Dans les pays en développement, la **culture du coton reste traditionnelle** et occupe une importante main-d'œuvre.

▶ Dans les pays développés, la culture est au contraire **très mécanisée, et subventionnée par l'État.**

B Un produit qui subit de multiples transformations

▶ Les graines de coton sont séparées des feuilles dans les pays producteurs, puis acheminées vers les filatures où elles sont filées, tissées puis teintes, souvent dans les **« pays-ateliers » asiatiques.** Ces cotonnades sont ensuite vendues aux entreprises de confection textile.

▶ Les **cotonnades** sont alors coupées, assemblées et cousues, avant d'être pour l'essentiel **vendues dans les pays du Nord**. En moyenne, un jean parcourt 19 000 km de la production du coton jusqu'à l'acheteur final.

C Un produit reflet de la mondialisation

▶ Le marché du coton est **dominé par les pays riches**, à la fois donneurs d'ordre et principaux destinataires des vêtements fabriqués.

▶ Les pays émergents du Sud participent à ce marché en produisant la fibre et en fabriquant des vêtements, dans le cadre de la division internationale du travail (**DIT**).

▶ De nombreux pays, petits producteurs, en particulier en Afrique, sont peu impliqués dans ce marché, vendant leurs fibres à bas prix.

3 *Les enjeux du marché du coton*

A Un produit objet de débats entre le Nord et le Sud

▶ Le **cours du coton** est fixé dans les bourses mondiales. Il subit d'importantes fluctuations en fonction de la conjoncture internationale, mais aussi de la concurrence accrue des fibres synthétiques.

▶ Les États du Nord, en particulier les États-Unis, subventionnent la culture du coton, afin de **rester compétitifs face aux productions des pays émergents** (Chine, Inde, Pakistan, Brésil), moins chères. Les États du Sud ont donc saisi l'Organisation mondiale du commerce (**OMC**) pour **contester ces subventions**. Les États du Nord ont été condamnés en 2005, sans accepter pour autant de se soumettre.

B Un produit au cœur des enjeux du développement durable

▶ La culture du coton est **très polluante** (25 % des insecticides et 11 % des pesticides utilisés dans le monde), tout en nécessitant des apports en eau très importants.

▶ Le **coton OGM** est en pleine expansion (**35 %** de la production mondiale). Le **coton solidaire**, respectueux de l'environnement, ne représente encore que **1 %** de la production mondiale.

CONCLURE

Le marché du coton est un exemple de marché mondialisé, faisant intervenir de nombreux acteurs, et créant des flux et des interdépendances entre différents territoires.

Processus et acteurs de la mondialisation

13

QUIZ p. 35

Comment et sous l'impulsion de quels acteurs le processus de la mondialisation s'affirme-t-il ?

1 Un processus ancien qui s'est récemment affirmé

A Les trois phases de la mondialisation

▶ Amorcée au **XVIe siècle** avec les Grandes Découvertes, la mondialisation **s'accélère au XIXe** siècle avec l'**industrialisation** et la **colonisation.**

▶ Au XXe siècle, la mondialisation prend une extension sans précédent et s'accélère encore après la **disparition de l'URSS** (1991).

B L'accélération des échanges (→ FICHE 14)

▶ Les politiques de libéralisation du commerce mondial mises en œuvre depuis 1945 ont conduit à l'**effacement des barrières à la circulation** et à une accélération des échanges.

▶ Les échanges de marchandises ont été bouleversés par la **révolution des transports,** plus rapides, plus sûrs et moins coûteux.

CHIFFRE CLÉ Toutes les secondes, 16 conteneurs maritimes sont chargés ou déchargés dans le monde.

C L'explosion des flux invisibles

▶ Les communications se sont intensifiées avec l'extension des téléphones filaire puis mobile et d'Internet, permettant le développement d'un **marché virtuel planétaire.**

▶ Cela est particulièrement net dans le domaine de la **finance** où les bourses mondiales travaillent en réseau.

2 Les acteurs de la mondialisation

A Le rôle dominant des firmes transnationales (FTN)

▶ La plupart des 85 000 FTN et leurs 800 000 filiales réalisant près d'**un quart du PIB mondial,** appartiennent aux États de la Triade. Toutefois, de puissantes FTN apparaissent dans les pays émergents.

▶ Les FTN choisissent souvent d'installer leurs **unités de production dans les pays du Sud,** où la main-d'œuvre est peu chère. Les centres de décision et de recherche restent au Nord.

B Le rôle des États et des organisations régionales

Les États restent des acteurs essentiels qui peuvent **rendre leur territoire attractif**, assurer la formation de la population, garantir la stabilité monétaire, etc. Pour renforcer leur rôle, ils s'associent au sein d'**organisations régionales** (Union européenne, ALENA).

C Les organisations internationales

L'**OMC**, le **FMI** et la **Banque mondiale** définissent et font respecter les règles du libre-échange. Les forums de discussion (**G8**, **G20**) sont aussi les garants de la mondialisation.

D Les autres acteurs

▶ La plupart des organisations non gouvernementales (**ONG**) cherchent à limiter les disparités provoquées par la mondialisation. Elles interviennent dans de nombreux domaines : droits de l'Homme, humanitaire, écologie, etc.

▶ Les groupes de pression (lobbies), les diasporas, les **réseaux clandestins** et les **mafias** jouent aussi un rôle non négligeable.

3 *Un processus complexe*

A Une mondialisation plurielle

▶ La mondialisation est aussi **culturelle** : les modes de vie s'uniformisent, s'occidentalisent, tendant à copier l'*American way of life*, tandis que le sport devient un spectacle mondial.

▶ Elle est également **politique et écologique** : les valeurs de droits de l'Homme, de démocratie ou de développement durable, malgré de fortes résistances, se diffusent partout.

B Une double logique d'intégration et de fragmentation de l'espace mondial

▶ Si la mondialisation met en relation de plus en plus étroite certains espaces de la planète, elle conduit aussi à la fragmentation de l'espace mondial et à l'**accroissement des inégalités** : aux territoires les mieux intégrés s'opposent des espaces marginalisés.

CONCLURE

La mondialisation est un processus complexe de mise en relation des espaces de la planète, qui voit coopérer, mais aussi s'affronter, de nombreux acteurs.

Mobilités, flux et réseaux

14

(→ DÉPLIANT, I ET II)

QUIZ p. 35

Comment la mondialisation dessine-t-elle un nouvel espace mondial ?

1 L'intensification des flux de biens

A Des échanges de marchandises triplés depuis 1990

▶ **81 %** des échanges mondiaux concernent les **biens matériels.**

CHIFFRE CLÉ Les matières premières énergétiques représentent seulement 8 % des échanges mondiaux de marchandises, mais restent très stratégiques.

▶ Parmi ceux-ci, la part relative des **matières premières** (22 % environ) ne cesse de diminuer, en particulier celle du trafic de produits agricoles.

▶ Les **produits manufacturés** représentent 78 % des échanges de marchandises. Il s'agit aussi bien de produits à faible valeur ajoutée (textile) que de produits de haute technologie, dont la part ne cesse d'augmenter.

B Les échanges immatériels en forte hausse

Les flux de **biens immatériels** représentent **19 %** du commerce mondial et sont en pleine expansion. Ils sont de **natures très diverses** : services, transferts financiers, informations, produits culturels, etc. Ils transitent directement via les **réseaux de télécommunications.**

2 L'accroissement des mobilités humaines

A Le tourisme

▶ Les mobilités touristiques concernent plus de **1,2 milliard de personnes** en 2016. Elles sont d'abord le fait des populations des pays développés, et génèrent des flux de proximité Nord-Nord.

▶ Le tourisme, fortement lié à la conjoncture économique et géopolitique, est soumis à de **fortes fluctuations.**

B Les migrations économiques

▶ Les populations les mieux formées sont attirées par les pays les plus développés : c'est le ***brain drain*** (fuite des cerveaux), dont les États-Unis sont les principaux bénéficiaires.

▶ Parmi les plus pauvres, certains cherchent à s'installer dans les **pays riches et développés**, principalement l'Amérique du Nord et l'Union européenne. Les pays du **golfe Persique** sont aussi un important pôle de réception.

▶ Ces migrations de la pauvreté, au contraire du *brain drain*, sont soumises à de nombreuses **restrictions politiques et économiques.** Les frontières, qui s'effacent pour les marchandises, sont des barrières souvent difficiles à franchir pour les plus pauvres.

C Les flux de réfugiés

▶ Les déplacements contraints sont essentiellement liés à la **guerre** et concernent surtout les pays en développement. Ces flux sont principalement Sud-Sud, car ils se font sur des distances relativement courtes.

▶ Les **réfugiés climatiques** sont de plus en plus nombreux.

3 Un monde en réseau(x)

▶ En créant des flux intenses, la mondialisation met en relation étroite les différents espaces de la planète. Mais ces liaisons sont **sélectives et hiérarchisées.**

▶ En effet, certains territoires entretiennent entre eux, au-delà de la distance, des rapports privilégiés. C'est le cas en particulier entre les **trois pôles de la Triade** : le plus puissant réseau de l'espace mondial unit ces trois espaces moteurs de l'économie mondiale (Amérique du Nord, Europe occidentale et Asie orientale), qui sont donc les principaux « nœuds » de l'espace mondial.

▶ **Des pôles émergent** et s'insèrent dans des réseaux secondaires qui les unissent aux trois pôles de la Triade : c'est le cas de l'Inde, du Brésil ou de l'Afrique du Sud.

▶ Inversement, **des espaces sont marginalisés**, et appartiennent seulement à des réseaux mineurs. C'est le cas, par exemple, de l'essentiel de l'Afrique subsaharienne.

CONCLURE

L'espace mondial est maillé par des réseaux intensément parcourus par des flux de biens matériels, de biens immatériels et d'hommes. Il est hiérarchisé : les espaces moteurs sont toujours plus reliés entre eux, tandis que de vastes espaces restent marginalisés.

Débats et contestations face à la mondialisation

15

QUIZ p. 35

Quel champ de réflexion, de débat et de contestation s'est construit autour de la mondialisation et de ses effets ?

1 La question de la gouvernance mondiale

▶ La **circulation des idées et des opinions** s'est largement mondialisée grâce aux médias. Des ONG transnationales (ex. : Greenpeace) diffusent des revendications qui tendent à devenir universelles.

▶ L'inégal développement des populations et les problèmes environnementaux mobilisent une **opinion publique internationale**. Celle-ci réclame également plus de démocratie, le respect des droits de l'Homme (éducation, santé) et des libertés fondamentales.

▶ Ces enjeux et ces revendications mettent au centre la question de la gouvernance : **comment « bien gouverner » le monde** pour le rendre plus équitable ? La plupart s'accordent à souhaiter davantage de participation citoyenne aux prises de décision.

▶ L'instauration de la **Cour pénale internationale** en 2002 répond à la volonté d'universaliser les droits de l'Homme et le droit international humanitaire.

2 La montée du local

▶ La diffusion planétaire des informations, des films et des programmes télévisés, grâce aux nouvelles technologies de la communication, peut laisser croire à l'**unification culturelle de la planète**. En outre, un certain nombre de produits culturels, vêtements ou modes alimentaires (fast food, pizzas, sushis) semblent avoir conquis une grande partie du monde.

▶ Pourtant, les firmes globales elles-mêmes sont obligées de composer avec les **particularismes culturels** : il n'y a pas de « consommateur mondial » uniforme. Ainsi, Coca-Cola pénètre le marché asiatique grâce à des produits spécialement élaborés, conformes aux goûts locaux.

▶ Les **mouvements de défense** des langues, musiques ou savoir-faire régionaux sont de plus en plus nombreux. En Espagne, les identités basque, catalane ou encore andalouse sont très vives. L'Inde et le Nigeria développent leurs productions cinématographiques.

▶ L'**attachement au territoire de vie**, au local, se renforce par des initiatives très concrètes : marchés locaux solidaires, associations liant consommateurs et producteurs, banques d'investissement solidaire régional, etc. Ce retour s'accompagne souvent d'une exigence de qualité et de traçabilité qui rejoint les préoccupations écologiques.

3 Démondialisation et décroissance

A Les mouvements altermondialistes

▶ Les mouvements contestant la mondialisation dans son fonctionnement et ses buts sont **très divers, sans leader et sans programme communs.** On trouve dans cette mosaïque aussi bien des syndicats qui luttent contre les délocalisations, que des partis écologistes, des mouvements paysans ou des mouvements citoyens.

▶ Les altermondialistes organisent des **forums sociaux mondiaux** (150 000 participants à Belém en 2009) et des manifestations lors des sommets du G8, du G20 ou de l'OMC (ex. : à Hambourg, 2017).

B Quelles alternatives à la mondialisation ?

▶ Face à la multiplication des crises et à l'accroissement des inégalités à toutes les échelles, certains altermondialistes envisagent une **démondialisation**, par l'abolition du libre-échange, la réinstauration des droits de douane (protectionnisme) et la relocalisation de la production.

▶ D'autres vont plus loin encore et souhaitent une **décroissance.** Contestant l'idée d'un développement économique perpétuel, qui épuise les ressources naturelles et dégrade l'environnement, ils prônent une diminution des biens et des richesses produites. Pour eux, la **relocalisation des activités** est impérative.

CONCLURE

Les détracteurs de la mondialisation sont nombreux, et les préoccupations identitaires et écologiques expriment la volonté d'en repenser le processus.

Quiz express 16

Cochez la ou les bonnes réponses.

La mondialisation en fonctionnement

1 Un produit mondialisé

Qu'est-ce qu'un produit mondialisé ?

- ☐ a. un produit connu dans le monde entier
- ☐ b. un produit dont tout le monde a besoin
- ☐ c. un produit largement diffusé dans le monde, mettant en jeu des acteurs divers

2 La mondialisation

	Vrai	Faux
1. La mondialisation commence dès l'Antiquité.	☐	☐
2. La mondialisation est un processus économique.	☐	☐
3. La mondialisation est un processus culturel.	☐	☐

3 Acteurs de la mondialisation

Que sont les FTN ?

- ☐ a. des entreprises exerçant leurs activités dans plusieurs États
- ☐ b. des entreprises réalisant plus de 50 % de leur chiffre d'affaires à l'étranger
- ☐ c. des entreprises ayant des sièges sociaux dans plusieurs États

4 Mobilités, flux et réseaux

Quel type de biens les échanges mondiaux concernent-ils majoritairement ?

- ☐ a. les biens immatériels
- ☐ b. les matières premières énergétiques
- ☐ c. les biens manufacturés

5 Débats et contestations face à la mondialisation

Par qui la relocalisation des activités est-elle exigée ?

- ☐ a. par les partisans du développement durable
- ☐ b. par les partisans de la démondialisation
- ☐ c. par les partisans de la décroissance

Corrigés !

Score : … / 7

1 Un produit mondialisé

Fiche 12

Réponse c. Un produit mondialisé, tel que le coton, est un produit largement diffusé et dont la production, la transformation et la commercialisation se font à l'échelle planétaire.

2 La mondialisation

Fiche 13

1. Faux. La mondialisation commence avec les Grandes Découvertes et se renforce avec la colonisation. Son véritable essor date de la 2e moitié du XXe siècle.

2. et 3. Vrai. La mondialisation est à la fois un processus économique, culturel et environnemental.

3 Acteurs de la mondialisation

Fiche 13

Réponse a. Les FTN sont des entreprises exerçant leurs activités dans plusieurs États, via des filiales ou des unités délocalisées.

4 Mobilités, flux et réseaux

Fiche 14

Réponse c. Les biens manufacturés représentent 78 % des échanges de biens matériels, qui eux-mêmes constituent 81 % des échanges mondiaux.

5 Débats et contestations face à la mondialisation

Fiche 15

Réponses b et c. La relocalisation des activités doit permettre, selon les partisans de la démondialisation et de la décroissance, de revenir à un recentrage économique national, pour éviter les dégradations de l'environnement.

Récap' express 17

La mondialisation en fonctionnement

UN SCHÉMA POUR MÉMORISER

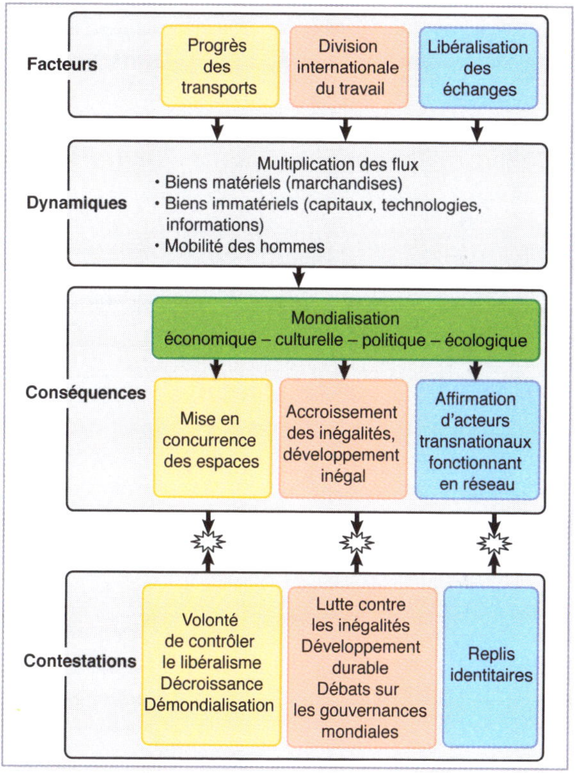

LES DÉFINITIONS

▸ **mondialisation** : mise en relation accélérée des différents espaces de la planète, grâce à l'intensification des flux de marchandises, de personnes et de biens immatériels.

▶ **firme transnationale** : entreprise exerçant son activité dans plusieurs États, via des filiales ou des unités délocalisées.

▶ **Investissements directs à l'étranger** (IDE) : mouvements internationaux de capitaux visant, pour une entreprise, à installer ou renforcer une filiale à l'étranger, ou à prendre une participation dans une entreprise étrangère.

▶ **altermondialisme** : ensemble des mouvements qui critiquent la mondialisation dans son mode de fonctionnement et dans ses conséquences, et prônent un développement plus soucieux de l'homme et de l'environnement.

▶ **forum social mondial** : manifestation altermondialiste qui s'oppose au forum économique mondial regroupant chaque année les pays les plus puissants.

▶ **Organisation mondiale du commerce** (OMC) : organisation internationale pour promouvoir et garantir le libre-échange.

▶ **Division internationale du travail** (DIT) : processus géo-économique de répartition des activités créatrices de richesses selon les avantages comparatifs de chaque espace ou pays.

▶ **G8** : forum de discussion réunissant les États-Unis, le Canada, le Royaume-Uni, la France, l'Allemagne, l'Italie, la Russie et le Japon. Il tend à être supplanté par le **G20**, qui élargit ce cercle à des pays émergents.

LES CHIFFRES CLÉS

Structure des échanges mondiaux	**En % du commerce mondial**	**En milliards de dollars**
Échanges de marchandises : • produits agricoles • produits énergétiques • produits manufacturés	81 % 8 % 8 % 62,4 %	18 217
Échanges immatériels	19 %	4 149

Les mobilités humaines
• 1,2 milliard de touristes en 2016. • 214 millions de personnes ne vivent pas dans le pays où elles sont nées, soit 3,1 % de la population mondiale.

Londres, ville mondiale

18

QUIZ p. 45

Quel rôle Londres joue-t-elle dans l'économie mondiale ? Comment sa puissance se manifeste-t-elle dans l'organisation du paysage urbain ?

1 Une capitale politique et économique

▶ Londres compte, dans son aire urbaine, plus de **14 millions d'habitants** (27ᵉ ville la plus peuplée du monde). C'est une **ville cosmopolite** : 30 % des Londoniens sont nés hors du Royaume-Uni.

▶ Londres concentre des **fonctions de commandement de haut niveau**, liées à son statut de capitale du Royaume-Uni. Le quartier de Westminster abrite le palais royal, les ministères et le Parlement.

▶ L'agglomération londonienne réalise plus de 20 % du PIB du Royaume-Uni. Son économie est **très fortement tertiarisée** (80 % de l'emploi), et connaît une surreprésentation des activités tertiaires supérieures (finances, assurances, médias).

2 Un rôle d'impulsion majeur sur l'organisation du monde

A Une métropole mondiale

▶ **Londres polarise un vaste territoire** : cœur du Sud-Est britannique, région la plus peuplée et la plus active du pays, elle est intégrée à la dorsale européenne et joue un rôle essentiel à l'échelle mondiale.

▶ **Premier centre financier du monde** en nombre et en volume de transactions, Londres compte 34 sièges sociaux parmi ceux des 500 premières entreprises mondiales.

▶ La ville concentre **des fonctions culturelles et universitaires** de premier plan. Capitale de la mode, elle abrite des musées prestigieux et des universités d'excellence au rayonnement planétaire (ex. : la London School of Economics).

B Un nœud de communications international

▶ **Carrefour majeur,** Londres dispose de très bonnes infrastructures de transport et de communication. La gare TGV de Saint-Pancras la relie aux autres capitales européennes, et la ville compte pas moins de cinq aéroports. Parmi ceux-ci, **Heathrow** est le premier du monde pour le nombre de passagers internationaux. Autoroutes et téléports complètent le dispositif.

▶ Londres accueille environ **20 millions de touristes par an**, attirés par les musées et monuments, mais aussi par l'animation culturelle et nocturne de la ville. Les Jeux olympiques de 2012 et la célébration du jubilé de la reine Elisabeth II ont été une occasion supplémentaire de capter des flux internationaux.

3 *Les conséquences socio-spatiales de l'intégration à la mondialisation*

A D'importants contrastes

▶ Le **paysage de la ville** traduit sa puissance et son rayonnement international. Il est dominé par les gratte-ciel des quartiers d'affaires (*Central Business Districts* ou CBD). Le CBD historique, **la City**, se double désormais de nouveaux pôles, dont le plus important est Canary Wharf, aménagé dans l'ancien quartier des docks. Cette verticalisation du bâti est caractéristique du développement des villes mondiales.

▶ Dans l'ensemble de l'agglomération, la **ségrégation socio-spatiale** s'accroît : les populations les plus pauvres sont concentrées dans les quartiers les plus mal desservis, tandis que les centres connaissent un processus de **gentrification**. L'espace urbain se fragmente, le prix du foncier augmente : Londres est l'une des villes les plus chères au monde.

B Le défi de l'étalement urbain

▶ L'étalement de la ville est spectaculaire : si les limites de l'agglomération sont floues, certains géographes considèrent qu'elle s'étend sur **45 000 km²** (l'Île-de-France couvre pour sa part environ 12 000 km²).

▶ Ce gigantisme est source de nombreuses **pollutions** et constitue un défi pour l'avenir, car l'aménagement des **réseaux de transport** doit sans cesse être revu. En 2003, pour décongestionner le centre-ville des voitures, un péage urbain a été instauré.

CONCLURE

Londres est une ville mondiale à l'influence planétaire, entretenant des relations intenses avec les autres villes mondiales.

L'inégale intégration des territoires dans la mondialisation

19

(→ DÉPLIANT, III ET IV)

QUIZ p. 45

Quelle typologie des territoires peut-on établir en fonction de leur participation à la mondialisation ?

1 Les espaces moteurs de la mondialisation

A Les pôles de la Triade

▶ La **Triade** rassemble les trois pôles majeurs de la planète : Amérique du Nord, Europe occidentale, Asie orientale. Ils contrôlent l'essentiel du pouvoir politique et économique du monde, et cumulent **puissance financière, militaire, diplomatique, culturelle et scientifique.**

CHIFFRES CLÉS La Triade représente 73 % du PIB mondial, 75 % de la production industrielle et 85 % de la capitalisation boursière.

▶ Très bien connectés au reste du monde, bien qu'échangeant principalement entre eux, les pôles de la Triade concentrent la plus grande part des richesses. Les **principaux centres de décision, de recherche et d'enseignement** y sont établis.

B Les villes mondiales

▶ Au cœur de ces territoires, on trouve de puissantes **mégalopoles** organisées autour de **villes mondiales** telles que New York, Londres (→ FICHE 18), Tokyo, Paris, Hong Kong ou Shanghai.

▶ Intégrées à l'économie mondiale, elles abritent des centres de commandement, d'innovation et de gestion à vocation planétaire. Elles sont étroitement reliées les unes aux autres, formant un **archipel métropolitain mondial.**

2 Un monde de plus en plus multipolaire

La mondialisation est un processus qui produit des inégalités selon une **double logique d'intégration et de marginalisation.**

A L'émergence de nouveaux pôles

▶ L'organisation du monde évolue de plus en plus vers la multipolarité, car la **domination de la Triade est remise en question** par la montée en puissance des pays émergents. Parmi ceux-ci, les plus dynamiques sont les **BRICS** (Brésil, Russie, Inde, Chine, Afrique du Sud), qui rassemblent 40 % de la population mondiale et, à part l'Afrique du Sud, font partie des dix premiers PIB mondiaux.

▶ D'autres « centres » s'affirment : les pays **producteurs de pétrole**, mais aussi des périphéries qui fournissent des matières premières agricoles, minières, énergétiques, ou encore de la main-d'œuvre bon marché (« pays-ateliers »).

B De nombreux espaces marginalisés

▶ Mal connectés aux réseaux mondiaux de transport et de communication, les **pays les moins avancés** restent à l'écart de la mondialisation.

▶ D'autres États sont **mis au ban** de la communauté internationale pour des **raisons politiques** (Corée du Nord).

▶ On peut donc parler d'**éclatement des Sud** : aux métropoles intégrées des pays émergents s'opposent des angles morts de la mondialisation.

3 La mondialisation, une question d'échelle ?

▶ À l'échelle des États, les territoires ne sont pas intégrés de manière homogène à la mondialisation. Les villes en sont, partout, les **relais** et les **nœuds**. Le rôle d'interface que jouent les **littoraux** est également déterminant (→ FICHE 20).

▶ Les **espaces ruraux** sont souvent moins intégrés, surtout quand ils sont situés à l'écart des réseaux de transport et de communication. Ainsi, en Chine, le littoral pacifique est très fortement intégré, tandis que l'intérieur demeure agricole et peu modernisé.

▶ Au sein de l'espace urbain, les **centres-villes** sont mieux connectés aux réseaux mondiaux que les banlieues. Ce contraste est saisissant dans les métropoles du Sud, où les populations les plus pauvres se regroupent dans des bidonvilles.

▶ Ce mouvement de différenciation des territoires **freine l'uniformisation** à l'échelle du globe, d'autant qu'il se double parfois de revendications identitaires et de replis communautaires (→ FICHE 8).

CONCLURE

La très forte intégration de certains territoires contraste avec la marginalisation d'autres espaces : la mondialisation fragmente l'espace mondial.

Les espaces maritimes : approche géostratégique

20

(→ DÉPLIANT, V ET VI)

? QUIZ p. 45

Comment la mondialisation accroît-elle l'importance géostratégique des mers et des océans ?

1 Des espaces aux vocations économiques multiples

▶ Les mers et océans sont riches en **ressources halieutiques, minières et énergétiques**. Les progrès techniques permettent d'exploiter ces dernières en « off-shore » (plateformes pétrolières).

CHIFFRES CLÉS

50 000 navires marchands sillonnent la planète, transportant 90 % du volume du commerce mondial.

▶ Dans le cadre de l'économie mondialisée, le **transport maritime**, bon marché, est une activité essentielle.

▶ Cette importance croissante renforce le rôle des façades maritimes et accentue la **littoralisation des économies**. Littoraux et zones portuaires font l'objet d'aménagements, et des espaces sont parfois conquis sur la mer (polders ou terre-pleins) afin d'étendre la surface des villes côtières (Tokyo, Shanghai, Singapour).

2 Des zones de tensions

A Le défi de la sécurité maritime

▶ Pour les États les plus puissants, la sécurisation des voies maritimes est un enjeu crucial pour **assurer leur approvisionnement énergétique** (exploitation et transport).

▶ Contraints d'emprunter un certain nombre de points de passage obligés (détroits, canaux), les **flux maritimes sont vulnérables** et suscitent convoitises et tensions. Cela est vrai dans le détroit de Malacca (par lequel transite un quart du trafic maritime mondial) et au large de la Somalie. La mer est aussi empruntée par les trafiquants, les pirates et les réseaux d'immigration clandestine.

▶ La **maîtrise militaire** de l'espace maritime revêt donc une importance capitale. Avec leur flotte répartie sur toutes les mers du globe, les États-Unis disposent à ce titre de points d'appui sans équivalent.

B Des espaces en plein bouleversement

▶ À cause du **réchauffement climatique**, une nouvelle route maritime pourrait s'ouvrir dans l'océan Arctique, contournant le continent américain par le nord jusqu'au détroit de Béring (**passage du Nord-Ouest**).

▶ Ceci crée de **nouvelles tensions** : le Canada considère le passage du Nord-Ouest comme appartenant à ses eaux intérieures, tandis que les États-Unis veulent en faire un détroit international.

3 *Les tentatives de régulation internationale*

La multiplication des revendications souvent concurrentes des États sur les espaces maritimes a rendu nécessaire une **approche multilatérale**.

A La zone économique exclusive

▶ En 1982 est signée à Montego Bay la **convention des Nations unies** sur le droit de la mer. Les pays développés imposent des amendements et retardent son adoption jusqu'en 1994. Cette convention définit la zone économique exclusive (**ZEE**).

▶ Destinée à trancher les litiges interétatiques, la création de la ZEE n'a pas mis un terme à la convoitise des États sur les ressources des océans : ainsi, la **Russie** revendique l'extension de sa souveraineté sur l'océan Arctique.

B Les enjeux environnementaux

▶ Mers et littoraux subissent les ravages causés par des **pollutions multiples** : marées noires, rejets industriels toxiques, etc. Par ailleurs, **les ressources halieutiques s'épuisent** : certaines espèces de poissons sont en voie de disparition (ex. : thon rouge).

▶ Pour tenter d'éviter les dégradations environnementales des mers et océans, l'ONU a classé le fonds des mers et des océans « **patrimoine commun de l'humanité** » (1970). Elle encourage de nombreux pays à fixer des quotas de pêche en fonction des stocks halieutiques et de leurs capacités de renouvellement.

CONCLURE

Parce que de leur contrôle dépend la maîtrise des échanges et des flux d'approvisionnement des États, les espaces maritimes constituent un enjeu majeur de la mondialisation.

? Quiz express

Cochez la ou les bonnes réponses.

21

Les territoires dans la mondialisation

1 Une ville mondiale

	Vrai	Faux
1. Une ville mondiale est une ville touristique.	☐	☐
2. Une ville mondiale est une ville qui joue un rôle décisif dans l'organisation du monde.	☐	☐
3. Une ville mondiale dispose d'une place boursière très importante.	☐	☐

2 Les conséquences de l'intégration à la mondialisation

La gentrification est un phénomène :

☐ a. relevant de la ségrégation socio-spatiale
☐ b. qui concerne toutes les villes mondiales
☐ c. qui conduit à l'élévation du niveau de vie dans les villes

3 L'inégale intégration des territoires dans la mondialisation

Qui domine l'économie mondiale ?

☐ a. la Triade
☐ b. les BRICS
☐ c. la Chine et les États-Unis

4 De nombreux espaces marginalisés

	Vrai	Faux
1. Les pays en développement sont exclus de la mondialisation.	☐	☐
2. Certains territoires sont totalement exclus de la mondialisation.	☐	☐
3. La mondialisation est un phénomène qui touche d'abord les littoraux.	☐	☐

5 Les espaces maritimes, des espaces géostratégiques

Qu'est-ce qui caractérise une zone économique exclusive ?

☐ a. C'est un espace maritime dans lequel on trouve des ressources pétrolières.
☐ b. C'est un enjeu de puissance.
☐ c. C'est un espace de pêche libre.

Corrigés !

Score : … / 11

1 Une ville mondiale

Fiche 18

1., 2. et 3. Vrai. Toutes les villes mondiales attirent les touristes et regroupent des fonctions organisationnelles importantes. Londres, Tokyo et New York, villes mondiales de 1er rang, disposent d'une place boursière importante.

2 Les conséquences de l'intégration à la mondialisation

Fiche 18

Réponses a, b et c. La gentrification, phénomène touchant les villes mondiales, définit l'installation de classes sociales favorisées dans les anciens quartiers populaires. Cela entraîne une ségrégation socio-spatiale et l'augmentation du niveau de vie dans ces villes.

3 L'inégale intégration des territoires à la mondialisation

Fiche 19

Réponse a. Malgré la montée en puissance des BRICS, la Triade domine l'économie mondiale et concentre les richesses (73 % du PIB mondial), la production (75 % de la production industrielle) et les pôles de décision.

4 De nombreux espaces marginalisés

Fiche 19

1. Faux. Les pays en développement, tels que les pays-ateliers et les pays exportateurs de matières premières, sont essentiels à la mondialisation.

2. Vrai. La Corée du Nord, dont le régime politique est une dictature, est un exemple de pays exclu de la mondialisation.

3. Vrai. Les littoraux sont les espaces les plus dynamiques et les plus peuplés car le transport maritime est essentiel à l'économie mondialisée.

5 Les espaces maritimes, des espaces géostratégiques

Fiche 20

Réponse b. La ZEE est l'espace sur lequel un État côtier exerce des droits souverains et peut en exploiter les ressources. C'est donc un enjeu de puissance. De nombreux États cherchent à négocier une extension de leur ZEE, à l'image de la Russie.

Récap' express 22

Les territoires dans la mondialisation

LES DÉFINITIONS

L'inégale intégration dans la mondialisation

▶ **métropole** : ville concentrant des fonctions organisationnelles importantes et dont le commandement s'exerce sur un vaste territoire. Lorsque ce commandement s'étend sur la planète entière, on parle de **ville mondiale**.

▶ **archipel métropolitain mondial** (AMM) : les métropoles qui commandent l'espace mondial tissent entre elles des liens puissants, et échangent intensément, au point qu'on les compare aux îles d'un archipel. On parle aussi d'archipel mégalopolitain mondial.

▶ **mégalopole** : espace urbanisé dans lequel se trouvent plusieurs métropoles, dont les banlieues tendent à se rejoindre. Les principales mégalopoles sont la Mégalopolis américaine (Boston-Washington), la dorsale européenne (Londres-Milan) et la mégalopole japonaise (Tokyo-Fukuoka).

▶ **gentrification** : phénomène urbain de rénovation et d'embourgeoisement de certains quartiers, conduisant à l'homogénéisation de leur profil socioculturel au profit de classes sociales favorisées.

▶ **ségrégation sociospatiale** : séparation des populations dans des quartiers différents en fonction de leur niveau de fortune.

▶ *Central Business District* (CBD) : quartier d'affaires, souvent caractérisé par un paysage de gratte-ciel. On y trouve une forte concentration de sièges sociaux, de banques et d'activités financières.

Les espaces maritimes : approche géostratégique

▶ **Zone économique exclusive** (ZEE) : espace maritime s'étendant jusqu'à 200 milles marins du littoral, sur lequel un État côtier exerce ses droits souverains et dont il peut exploiter les ressources.

▶ **littoralisation** : concentration des hommes et des activités à proximité du littoral.

DES SCHÉMAS POUR MÉMORISER

Les territoires moteurs de la mondialisation

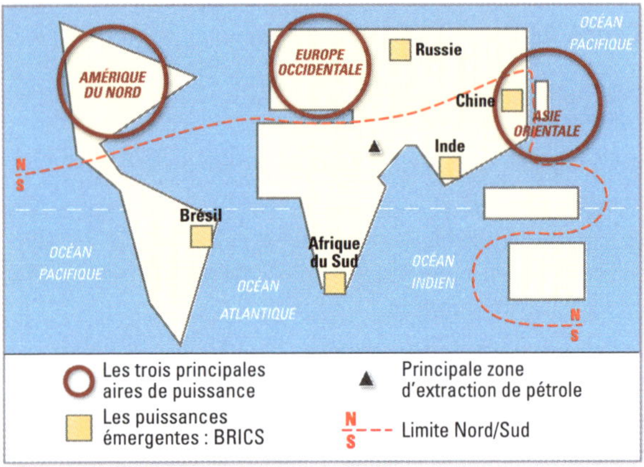

L'organisation spatiale d'une ville mondiale : Londres

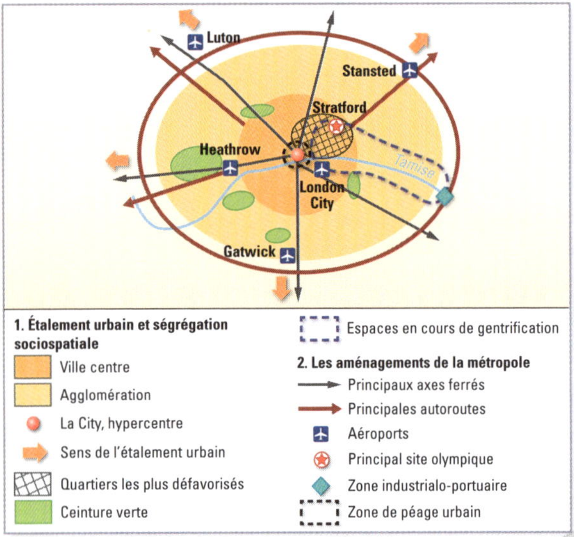

Récap express

Le continent américain sous tensions

23

QUIZ p. 53

Quelles tensions animent le continent américain ? Sont-elles régionales ou liées à l'hégémonie des États-Unis ?

1 *Des tensions régionales*

A Des tensions interétatiques durables...

▶ Les États américains ont **beaucoup en commun** : nouveaux mondes, peuplement européen, passé esclavagiste et colonial, tradition chrétienne… Pourtant, depuis les indépendances, nombreuses sont les tensions interétatiques et les **contestations frontalières.**

▶ La plupart des modifications territoriales ont eu lieu à l'amiable avant 1945. Mais certaines tensions perdurent : ainsi, la **Bolivie** revendique toujours l'accès à la mer qu'elle perdit entre 1879 et 1884 au profit du **Chili.**

B ... souvent dues à des constructions nationales tardives

▶ Pays neufs, les États américains souffrent d'un **contrôle territorial inégal**, avec des frontières assez perméables, donc plus qu'ailleurs sujettes à différends.

▶ **Leur peuplement est sporadique** : la densité américaine n'est que de 23 hab./km² ; et les réseaux de transport sont souvent incomplets.

2 *L'hégémonie des États-Unis*

A L'affirmation de la puissance états-unienne

▶ Premier État américain à maîtriser son territoire, les États-Unis ont affirmé très tôt leur **volonté tutélaire** sur l'ensemble du continent.

▶ En 1823, la **doctrine Monroe** affirme l'indépendance de l'Amérique vis-à-vis de l'Europe. Très vite, cet isolationnisme se double d'un **impérialisme** en direction du Pacifique, de Cuba ou de l'Alaska.

▶ Théorisé par la politique du « ***big stick*** » de Théodore Roosevelt (président des États-Unis de 1901 à 1909), l'impérialisme américain s'accentue avec la guerre froide et l'installation d'un régime communiste à Cuba. Il favorise la mise en place de **régimes autoritaires** (ex. : Pinochet au Chili).

B Les recentrages post-guerre froide

▶ La fin de la guerre froide en 1989-1991 favorise le **retour de la démocratie** en Amérique latine.

▶ Les interventions états-uniennes se recentrent sur la **lutte contre la drogue** et contre le **terrorisme** à partir du 11 septembre 2001.

▶ Depuis l'élection de Donald Trump à la présidence (novembre 2016), la lutte contre l'**immigration clandestine** passe au premier plan (projet de mur à la frontière mexicaine).

3 *Une domination économique contestée*

A L'« aspirateur » nord-américain

▶ Les États-Unis représentent de loin la **première puissance économique du continent**, avec un PIB de 18 570 milliards de dollars en 2016, contre 1 796 au Brésil.

▶ Le marché intérieur états-unien agit comme un véritable « aspirateur » des **exportations du reste du continent** : il absorbe 47 % de celles du Salvador et 81 % de celles du Mexique.

▶ Les États-Unis sont aussi le premier **fournisseur** du Mexique (47 % des importations de ce pays) ou de la Colombie (29 %).

B La subordination latino-américaine

▶ La structure des échanges est marquée par une **dissymétrie** : les États-Unis exportent des produits à haute valeur ajoutée et importent des matières premières.

▶ Ces échanges témoignent d'une position latino-américaine dominée dans la mondialisation, subordonnée dans la **division internationale du travail** (→ RÉCAP' EXPRESS 17).

▶ Les tentatives d'intégration régionale se définissent toujours en fonction des États-Unis, malgré la lutte contre l'« impérialisme yankee » menée par certains États d'extrême-gauche (Venezuela, Équateur) (→ FICHE 24).

CONCLURE

Bien que certaines tensions proviennent de différends durables entre États américains, la plupart sont liées à la domination géopolitique et économique des États-Unis sur le reste du continent.

L'intégration régionale aux Amériques

24

QUIZ p. 53

Comment les processus d'intégration régionale organisent-ils les Amériques ?

1 L'intégration continentale et ses échecs

A Essais et contre-essais d'intégration continentale

▶ Les États-Unis ont vu dans les organisations intégrées un moyen d'affirmer leur **hégémonie**.

▶ La guerre froide inaugure un **panaméricanisme institutionnel** : Traité interaméricain d'assistance réciproque (1947) ; Organisation des États américains (1948).

▶ Mais ces organisations apparaissent trop dépendantes des États-Unis. Des **tentatives autonomes** s'affirment : Association latino-américaine d'intégration (1980), « Groupe de Rio » (1986).

B Des marchés communs régionaux

▶ À une échelle régionale, d'autres structures se créent sous la forme de marchés communs, afin de **pallier les inconvénients économiques** de la fragmentation politique née des indépendances.

▶ Ainsi, le Marché commun centre-américain (MCCA) est créé en 1960 ; la Communauté andine des Nations (CAN) en 1969 ; la Communauté caraïbe (Caricom) en 1973. Mais il faut attendre le retour de l'Amérique latine à la démocratie et la fin de la guerre froide pour observer une **relance de l'intégration régionale**.

2 Deux pôles majeurs d'intégration régionale

A L'ALENA

▶ L'**Accord de libre-échange nord-américain** (1994) regroupe les États-Unis, le Canada et le Mexique. Il prévoit la **libre circulation** des **capitaux** et des **marchandises**, mais non celle des personnes, afin de limiter l'immigration mexicaine. En vingt ans, les échanges ont triplé et les *maquiladoras* (usines mexicaines travaillant pour des firmes états-uniennes) se sont multipliées.

▶ La frontière sud des États-Unis, traversée de flux migratoires massifs, est devenue une région multiculturelle : la **Mexamérique**.

▶ Le président Trump, qui accuse l'ALENA de favoriser la fuite des emplois vers le Mexique, a demandé qu'il soit renégocié.

B Le Mercosur

▶ Né en 1991 du rapprochement inattendu de deux puissances rivales, le Brésil et l'Argentine, le Mercosur compte aujourd'hui **10 pays membres et associés**.

▶ En vingt ans, les échanges intra-zone ont notablement augmenté en raison de l'union douanière, initiant une certaine **division régionale du travail**. Toutefois, les **tensions internes** et les crises monétaires de la fin du XXe siècle grippent le processus.

3 *De nouvelles dynamiques d'intégration*

A L'intégration, pour ou contre les États-Unis ?

▶ Après leur projet avorté de Zone de libre-échange des Amériques (**ZLEA**), les États-Unis relancent des accords bilatéraux (Chili, Pérou) et créent la **CAFTA** (zone de libre-échange entre États-Unis, Amérique centrale et République dominicaine).

▶ Hugo Chavez, alors président du Venezuela, lance en 2001 l'**Alternative bolivarienne pour les Amériques**. Tout s'accélère avec la création de la Communauté sud-américaine des Nations en 2004, puis de l'**Unasur** (Union des nations sud-américaines) en 2008, qui réunit Mercosur et CAN et intègre la totalité des États sud-américains. En 2010, naît la CELAC (Communauté d'États latino-américains et caraïbes), dont seuls les États-Unis et le Canada sont absents. En 2011 est créée l'**Alliance du Pacifique**, bloc libéral qui tente de contrer l'hégémonie brésilienne naissante.

B Un continent plus fragmenté qu'intégré

▶ Le **jeu géopolitique** sur le continent est donc devenu très complexe. Le continent paraît plus fragmenté qu'intégré.

▶ **L'Inde et surtout la Chine** sont de plus en plus présentes, notamment dans l'exploitation des ressources naturelles.

CONCLURE

Les organisations continentales et régionales fragmentent le continent plus qu'elles ne l'intègrent. Seuls l'ALENA et l'Unasur semblent en position de jouer un rôle majeur.

Quiz express

Cochez la ou les bonnes réponses.

25

L'Amérique (1)

1 La doctrine Monroe

Qu'est-ce que la doctrine Monroe de 1823 ?

☐ a. l'affirmation de l'indépendance de l'hémisphère américain vis-à-vis de l'Europe

☐ b. l'affirmation de l'impérialisme des États-Unis sur le reste du continent

☐ c. une politique d'intervention militaire systématique de la part des États-Unis

2 Le continent américain sous tensions

	Vrai	Faux
1. Le Brésil est la 2e puissance économique du continent américain.	☐	☐
2. La Chine est devenue le 1er partenaire commercial du continent américain.	☐	☐
3. La structure des échanges montre la position dominante de l'Amérique latine dans la division internationale du travail.	☐	☐

3 Deux pôles majeurs d'intégration régionale

Quels sont les deux pôles majeurs de l'intégration régionale ?

☐ a. l'ALENA et la CAN

☐ b. le Mercosur et le CARICOM

☐ c. l'ALENA et le Mercosur

4 L'intégration régionale aux Amériques

	Vrai	Faux
1. L'intégration régionale se manifeste par l'augmentation des échanges commerciaux.	☐	☐
2. En 2001, Fidel Castro lance l'ALBA (Alternative bolivarienne pour les Amériques)	☐	☐
3. L'ALENA permet la libre circulation des hommes et des marchandises.	☐	☐

Corrigés

Score : ... / 9

1 *La doctrine Monroe*

Fiche 23

Réponses a et b. La doctrine Monroe cherche à affirmer l'indépendance du continent américain (le Nouveau Monde) par rapport à l'Europe (l'Ancien Monde). Mais cette indépendance doit permettre aux États-Unis d'asseoir leur autorité : il s'agit donc bien d'une doctrine impérialiste.

2 *Le continent américain sous tensions*

Fiche 23

1. Vrai. Le Brésil est la 2e puissance économique de l'Amérique derrière les États-Unis.

2. et 3. Faux. La Chine est le 2e partenaire commercial de ce continent. La position de l'Amérique latine est dominée : elle s'insère dans la mondialisation d'abord par l'exportation de produits bruts (matières premières agricoles et minières).

3 *Deux pôles majeurs d'intégration régionale*

Fiche 24

Réponse c. L'ALENA (Accord de libre-échange nord-américain) regroupe les États-Unis, le Canada et le Mexique. Le Mercosur compte 10 membres sud-américains, dont les poids lourds que sont le Brésil et l'Argentine.

4 *L'intégration régionale aux Amériques*

Fiche 24

1. Vrai. L'augmentation des échanges commerciaux est un des signes les plus évidents d'une intégration régionale.

2. et 3. Faux. C'est le Vénézuélien Hugo Chavez qui lance l'ALBA. L'ALENA ne permet pas la libre circulation des hommes, afin de freiner l'immigration.

États-Unis et Brésil : puissance globale, puissance émergente

26

QUIZ p. 61

Quel bilan comparé peut-on faire de la puissance des États-Unis et du Brésil ?

1 *La puissance économique*

A La puissance mondiale américaine

▶ Les États-Unis ont la 3e superficie (9,6 millions de km²) et la **3e population mondiale** (325,5 millions).

CHIFFRE CLÉ L'économie américaine représente 10 fois l'économie brésilienne.

▶ Ils sont la **1re économie mondiale**, avec un PIB de 18 570 milliards de dollars en 2016, soit environ 22 % des richesses mondiales.

▶ Les États-Unis sont le 2e exportateur et surtout le **1er importateur mondial** en 2016 avec un déficit extérieur que seuls le rôle mondial du dollar et la dette permettent de financer.

B Une puissance régionale en devenir : le Brésil

▶ **5e pays du monde par sa superficie** (8,5 millions de km²) comme par sa population (207 millions), le Brésil représente **35 % du PIB d'Amérique du Sud** (1 796 milliards de dollars).

▶ La croissance démographique (+ 0,8 % par an) se poursuit. Pays émergent mais en crise depuis 2015, le Brésil est la **9e économie mondiale en 2016.**

▶ Le poids du Brésil dans l'économie mondiale est encore modeste. Son développement est entravé par de **fortes inégalités**, mais 40 millions de Brésiliens sont sortis de la pauvreté entre 2003 et 2011.

2 Hard power : *David et Goliath ?*

A L'hégémonie diplomatique et militaire : l'*imperium* américain

▶ Les États-Unis occupent une place prépondérante dans les grandes institutions internationales (FMI, Banque mondiale, **droit de veto** au Conseil de sécurité de l'ONU).

▶ Le budget militaire américain représente **37 % des dépenses militaires mondiales.** Outre leur capacité nucléaire, les États-Unis disposent des technologies militaires les plus avancées.

▶ Les **forces américaines** sont présentes partout : réseau de bases planétaire, groupes aéronavals, réseau de renseignements Echelon, programme de surveillance Prism.

B Le Brésil : un nain en phase de croissance ?

▶ Les dépenses militaires brésiliennes ne représentent que 1,3 % de son PIB. Toutefois, ses capacités se renforcent.

▶ Par **tradition non interventionniste** dans les affaires mondiales, le Brésil agit sous mandat de l'ONU, et déploie une **diplomatie active**, qui stimule sa revendication d'une meilleure représentation (siège permanent au Conseil de sécurité). Il s'affirme au niveau mondial dans les **sommets des BRICS ou du G20**.

3 Soft power : *contestation et émergence*

A Un *soft power* américain complet mais contesté

▶ **L'anglais, langue véhiculaire internationale**, est un outil de *soft power*, tout comme les industries culturelles : le cinéma américain accapare 40 % des recettes mondiales du secteur !

▶ L'essor foudroyant de l'Internet participe de ce *soft power*, avec la diffusion planétaire des **réseaux sociaux**.

▶ Mais le **modèle américain** est de plus en plus **contesté** par d'autres modèles (altermondialiste, chinois, islamiste, etc.).

B Un *soft power* brésilien en voie d'affirmation

▶ Le Brésil bénéficie dans le monde d'une **image positive**. Le sport, et surtout le football, en est un élément majeur, sanctionné par l'organisation de la Coupe du monde de 2014 (contestée) et des Jeux olympiques de 2016 à Rio.

▶ La **communauté lusophone** compte 240 millions de locuteurs, et 335 millions sont prévus en 2050.

▶ Le Brésil accroît son **aide publique au développement**, axée sur des programmes sociaux, ce qui renforce son image positive dans le monde entier.

CONCLURE

Malgré les bénéfices de l'émergence, le Brésil est encore très loin de pouvoir rivaliser avec la puissance globale des États-Unis, tant au plan du *hard power* que du *soft power*.

États-Unis et Brésil : deux économies mondialisées

27

? QUIZ p. 61

Quels rôles respectifs les économies du Brésil et des États-Unis jouent-elles dans la mondialisation ?

1 Des économies ouvertes et globalisées

A Les États-Unis, leader de la mondialisation

▶ Les États-Unis sont le 2e exportateur et le 1er importateur mondial.

▶ Ils accueillent 17 % des stocks d'IDE mondiaux et contrôlent en retour **22 % des stocks d'IDE dans le monde**.

▶ **132 des 500 plus grandes firmes mondiales** sont américaines. Leur puissance explique les fonctions mondiales que concentrent les métropoles américaines.

B Le Brésil : la mondialisation en marche

▶ Le Brésil est **loin de pouvoir rivaliser** avec les États-Unis : ses exportations ne représentent que 13 % des exportations américaines, et ses importations 8 % !

▶ Mais **le stock d'IDE** au Brésil atteint 486 milliards de dollars. Le pays est devenu le **7e récepteur**, avec 79 milliards de dollars en 2015.

▶ Les **firmes brésiliennes progressent** dans les classements mondiaux : 7 parmi les 500 premières en 2016.

2 Des systèmes productifs inégalement avancés

A Un système productif américain avancé

▶ En 1945, les États-Unis représentaient 50 % de la production industrielle mondiale. Depuis, leur part relative a reculé au 2e rang (19,4 %).

▶ Depuis les années 1970, les secteurs des 1re et 2e révolutions industrielles (sidérurgie, automobile, etc.) ont subi la concurrence de pays à bas coût de main-d'œuvre. Les firmes transnationales américaines ont **délocalisé les productions** à plus faible valeur ajoutée.

▶ Les États-Unis se spécialisent aujourd'hui dans les **productions à forte valeur ajoutée** ou à **fort contenu technologique** (logiciels, bio-industries, aéronautique). Mais les industries à forte composante énergétique, tirées par le boom du gaz de schiste, sont en plein renouveau.

▶ Les **services à forte qualification** ont été les grands gagnants de cette transition : audit, conseil, finance… Wall Street et le Nasdaq concentrent 45 % des flux financiers de la planète boursière !

B Une économie brésilienne puissante et diversifiée

▶ La **richesse du Brésil en matières premières** – minérales, énergétiques, agricoles – est immense. Les exportations vers les grands pays émergents financent le développement brésilien.

▶ L'industrie brésilienne est diversifiée : textile, sidérurgie ; automobile ; aéronautique, pharmacie, etc. Elle bénéficie des investissements étrangers et des **transferts de technologie**.

▶ Le **développement des services** est considérable : ils comptent pour deux tiers du PIB. Les banques brésiliennes jouent un rôle majeur en Amérique latine.

3 Deux agricultures mondiales rivales

A Deux agricultures mondiales

▶ L'agriculture américaine reste la 1re du monde, grâce à un **complexe agro-industriel** (*agrobusiness*) subventionné à la production et puissamment intégré.

▶ Le **complexe agro-industriel brésilien** est en **pleine croissance**. Les OGM sont largement cultivés et les rendements augmentent.

B Les atouts de la grande agriculture brésilienne

▶ L'agriculture brésilienne dispose des vastes espaces propres aux pays neufs : le **front pionnier amazonien** pourrait fournir 90 millions d'hectares supplémentaires, malgré les problèmes environnementaux qu'implique la déforestation.

▶ L'agriculture brésilienne bénéficie d'immenses exploitations mécanisées et d'excellentes ressources en eau, qui justifient son surnom de « **ferme du monde** ».

CONCLURE

Les économies des États-Unis et du Brésil sont toutes deux puissantes et mondialisées. Mais si l'agriculture brésilienne peut rivaliser avec celle des États-Unis, l'avance de ces derniers dans le domaine des nouvelles technologies demeure considérable. Les États-Unis restent l'économie leader de la mondialisation.

États-Unis et Brésil : des dynamiques territoriales décalées

28

(→ DÉPLIANT, VII À IX)

? QUIZ p. 61

Quelles sont les dynamiques territoriales actuelles au Brésil et aux États-Unis ?

1 *Deux anciens « pays neufs »*

A Des espaces à conquérir

▶ Brésil et États-Unis sont des **États-continents** (entre 8 et 10 millions de km²). La conquête et la maîtrise de l'espace et des distances sont donc déterminantes dans la **construction du territoire** de ces deux sociétés.

▶ Les États-Unis ont été construits par les pionniers, qui ont repoussé la **« frontière »** vers l'ouest. Le chemin de fer a hâté la maîtrise du territoire ; des millions de migrants sont arrivés d'Europe.

▶ Le Brésil, en revanche, a connu une succession de **cycles spéculatifs** (sucre, or et surtout café). Ceux-ci ont favorisé le développement de régions monoproductives, créant une **structure territoriale en archipel**.

B Des sociétés multiculturelles

▶ Entre 1872 et 1972, le Brésil a reçu 5,35 millions d'immigrants ; les États-Unis 71 millions entre 1820 et 2005. Les **migrations** ont été **massives et mondiales**.

CHIFFRES CLÉS **4 millions d'esclaves noirs ont été déportés au Brésil : c'est 10 fois plus qu'aux États-Unis.**

▶ Dans les deux pays s'est posé le problème des esclaves noirs. Le système esclavagiste a pris plus d'ampleur au Brésil, qui représente à lui seul plus du tiers de la traite atlantique. Mais le métissage y a été intense.

▶ Aux États-Unis, en revanche, les mélanges ont été peu nombreux. Les régions de plantation du Sud-Est comme les grandes villes sont restées marquées par les **problèmes d'intégration de la minorité noire**.

2 *Des centres : métropoles et interfaces*

A Les centres aux États-Unis

▶ Le Nord-Est des États-Unis (Mégalopolis et Grands Lacs) est le berceau de la puissance américaine. Son déclin relatif témoigne du **grand**

« retournement spatial » à l'œuvre depuis 1945, au profit de la **Sun Belt** qui va de la Floride à la Californie, véritable deuxième centre.

▶ Ce basculement est lié à des **dynamiques spatiales à toutes les échelles** : progrès de la façade pacifique, développements transfrontaliers (ex. : Mexamérique), croissance des interfaces maritimes et littoralisation (Floride, Californie), métropolisation (centres de commandement mondiaux).

B Le centre du Brésil

▶ Le Brésil ne compte qu'un centre : le **Sudeste.** Polarisé par São Paulo, Rio de Janeiro, Belo Horizonte, il assure 70 % de la production industrielle du pays. Son **attraction** est considérable.

▶ Cette région centrale bénéficie de **dynamiques** comparables à celles de la Sun Belt : interfaces maritimes (Santos, Rio), dynamiques transfrontalières (Mercosur), métropolisation (São Paulo, 1er aéroport et 1re bourse d'Amérique latine).

3 *Espaces de conquête, espaces de réserve*

A Les périphéries brésiliennes

▶ Les **régions pionnières du Nord amazonien** couvrent presque 50 % du pays pour 5 % du PIB. La forêt est progressivement défrichée par le front pionnier. C'est un espace de conquête : la dernière frontière du Brésil.

▶ À l'inverse, l'ancien centre historique du **Nordeste** fait figure de repoussoir : de fortes inégalités sociales y entravent le développement.

B Les périphéries américaines

▶ Le **Vieux Sud** américain, jadis esclavagiste, a longtemps été en retard. Mais, depuis trente ans, par desserrement de la Mégalopolis, il se modernise, surtout dans sa partie orientale, de l'Alabama à la Virginie.

▶ Le **Grand Ouest,** en revanche, centré sur les Rocheuses, ne connaît de croissance que dans quelques centres urbains (Denver, Salt Lake City). Bien loin du dynamisme de la Sun Belt voisine, il s'agit d'un espace de réserve.

CONCLURE

Brésil et États-Unis sont deux anciens pays neufs, aux dynamiques territoriales comparables. Mais l'intégration spatiale est plus avancée aux États-Unis qu'au Brésil.

Quiz express

Cochez la ou les bonnes réponses.

29

L'Amérique (2)

1 *La puissance économique*

Quelles affirmations sont correctes ?

- ☐ a. Le Brésil est la 1re économie d'Amérique latine.
- ☐ b. Le Brésil est la 1re économie du continent américain.
- ☐ c. Les États-Unis sont la 1re économie mondiale.

2 *États-Unis et Brésil : puissance globale, puissance émergente*

	Vrai	Faux
1. Les États-Unis effectuent 37 % des dépenses militaires mondiales.	☐	☐
2. Le Brésil est la 9e économie mondiale.	☐	☐
3. L'anglais et le portugais sont toutes deux des langues véhiculaires mondiales.	☐	☐

3 *États-Unis et Brésil : deux économies mondialisées*

	Vrai	Faux
1. Les États-Unis exportent surtout des biens et des services à haute valeur ajoutée.	☐	☐
2. Le Brésil exporte surtout des produits primaires.	☐	☐
3. Les États-Unis sont surnommés « la ferme du monde ».	☐	☐

4 *États-Unis et Brésil : des dynamiques territoriales décalées*

	Vrai	Faux
1. Dans son histoire, le Brésil a importé beaucoup plus d'esclaves noirs que les États-Unis.	☐	☐
2. Les États-Unis, comme le Brésil, ne comptent qu'une seule grande région centrale.	☐	☐
3. Le front pionnier brésilien déboise progressivement l'Amazonie.	☐	☐

Corrigés !

Score : ... / 11

1 *La puissance économique*

Fiche 26

Réponses a et c. Le Brésil est la première économie latino-américaine mais les États-Unis, n° 1 de l'économie mondiale, le devancent largement.

2 *États-Unis et Brésil : puissance globale, puissance émergente*

Fiche 26

1. et 2. Vrai. Les États-Unis sont loin devant les autres pays en matière de puissance militaire. Le Brésil, 9e économie mondiale, est en crise depuis 2015.

3. Faux. Seul l'anglais est une langue véhiculaire internationale.

3 *États-Unis et Brésil : deux économies mondialisées*

Fiche 27

1. et 2. Vrai. Les États-Unis sont une économie très avancée, ils exportent principalement des produits technologiques et des services haut de gamme. Le Brésil exporte en majorité des produits primaires, ce qui ne l'empêche pas d'avoir une industrie puissante.

3. Faux. Le terme « ferme du monde » renvoie à la spécialisation agricole du Brésil.

4 *États-Unis et Brésil : des dynamiques territoriales décalées*

Fiche 28

1. et 3. Vrai. Le Brésil a importé 4 millions d'esclaves, c'est 10 fois plus que les États-Unis. Le front pionnier a largement entamé l'Amazonie et la forêt qui la couvre.

2. Faux. Si le Brésil n'a qu'une grande région centrale (le Sudeste), les États-Unis en comptent deux (Mégalopolis atlantique et Sun Belt).

L'Amérique

UNE CARTE POUR MÉMORISER

Les contrastes de richesse et de développement du continent américain

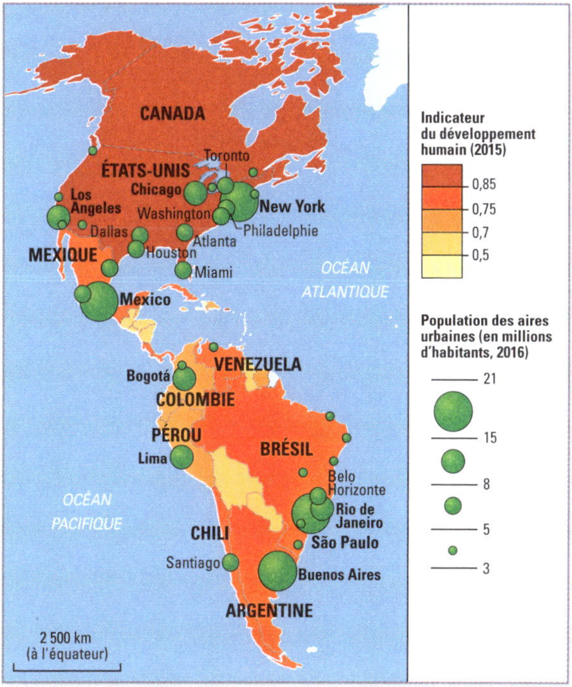

LES DÉFINITIONS

▶ **pays neuf** : pays tardivement peuplé par les Européens (mais pas par les peuples autochtones).

▶ **doctrine Monroe** : doctrine qui établit l'indépendance des Amériques envers l'Europe (du président américain James Monroe, 1817-1825).

▶ **interface** : ligne de contact entre deux espaces dont les différences génèrent des phénomènes d'échanges, de mutation, de domination.

▶ **intégration régionale** : processus de rapprochement et d'harmonisation d'États appartenant à un même ensemble géographique. L'intégration peut se réaliser sur le plan économique, commercial, voire politique.

▶ ***soft power*** : capacité d'influence et de persuasion d'un État.

▶ ***hard power*** : capacité de contrainte d'un État, c'est-à-dire capacité à imposer sa volonté par la force, voire le conflit.

▶ **politique du « *big stick* » (« gros bâton »)** : impérialisme qui n'hésite pas à s'exprimer par l'intervention militaire.

LES IDÉES ESSENTIELLES

États-Unis/Brésil : rôle mondial, dynamiques territoriales

États-Unis	Brésil
Données générales	
• 325,5 millions d'habitants • PIB : 18 570 Mds $ (1er) • 1er importateur • 2e exportateur • 22 % des IDE mondiaux • 132/500 premières firmes • Produits à forte valeur ajoutée • 1er producteur agricole mondial	• 207 millions d'habitants • PIB : 1 796 Mds $ (9e) • 30e importateur • 23e exportateur • 2 % des IDE mondiaux • 7/500 premières firmes • Matières premières, industrie diversifiée • 3e producteur agricole mondial
Rôle mondial	
• Conseil de sécurité de l'ONU • Omniprésence mondiale • Anglais, Hollywood, Internet	• BRICS, G20 • Diplomatie active • Image positive, football, lusophonie
Dynamiques territoriales	
• Des centres : Nord-Est et Sun Belt • Vieux Sud en reconversion	• Un centre : le Sudeste • Fronts pionniers d'Amazonie

Le Sahara, un désert aux ressources convoitées

31

(→ DÉPLIANT, X ET XI)

? QUIZ p. 73

Quels intérêts et quelles ressources font du Sahara un enjeu géopolitique majeur ?

1 Espaces sahariens

A Le plus grand désert du monde

▶ Le Sahara est le plus grand désert du monde : **8,5 millions de km²**. On le compare souvent à une mer, qui borde l'Atlas ou la Méditerranée au nord, et s'efface progressivement au sud : c'est le **Sahel**.

▶ L'**aridité** est la contrainte majeure : moins de 150 mm de précipitations, avec des températures très élevées le jour, glaciales la nuit. Les paysages du désert sont marqués par cette aridité.

B Un espace d'occupation ponctuelle et linéaire

▶ Cet espace saharien est d'abord un espace de peuplement ponctuel, **autour des oasis**, naturelles ou artificielles, lieux d'agriculture et centres de commerce. Parmi elles, la plus grande oasis du monde : la vallée du Nil.

▶ Les peuples du désert ont toujours été des **peuples nomades**. Mais le Sahara est un désert de **villes en forte croissance**. Nouakchott, créée *ex nihilo* en 1957, dépasse le million d'habitants.

▶ Le Sahara est un désert **traversé de flux** qui en font une **interface active**, dessinant un réseau complexe entre Nord et Sud, espace de contact entre civilisations noire et arabe, source de fructueux échanges.

C Un espace en cours de territorialisation

▶ Avec la colonisation s'est opéré un **grand retournement spatial** : le territoire colonial s'est construit à partir des littoraux, dos au désert. Le Sahara est devenu un espace répulsif, domaine de populations nomades.

▶ Depuis les indépendances, de nouvelles frontières découpent le désert. Mais malgré leurs efforts, les États sahariens se révèlent **incapables d'y exercer un contrôle territorial efficace**.

▶ Cela explique que s'y expriment des **puissances extra-régionales**, qui y protègent leurs intérêts : France, États-Unis, Chine.

2 Des ressources convoitées

A Des ressources liées aux matières premières

▶ Les ressources du Sahara sont convoitées à l'échelle régionale (nappes d'eau fossile) ou mondiale (le **pétrole**, déjà exploité en Afrique du Nord, au Soudan, dans les États sahéliens). Le Sahara est une **zone de fourniture d'énergie**.

▶ Le Sahara renferme de nombreuses **richesses minières**, de plus en plus exploitées (phosphates au Maroc, uranium au Niger). L'espace saharien est donc alimenté par des **économies de rente**, dont le partage est générateur de conflits.

B Des ressources liées aux circulations

▶ Le Sahara a toujours été un **espace de commerce**, jadis par dromadaire, aujourd'hui par 4 x 4. Massive est la contrebande de cigarettes chinoises, importées par l'Afrique de l'Ouest et réexportées depuis l'Algérie.

▶ **Interface de la mondialisation**, le Sahara l'est aussi pour le **trafic de stupéfiants**. 15 % de la production mondiale de cocaïne y transitent vers l'Europe. États et terroristes touchent leur dîme sur ce lucratif trafic illicite. En outre, la présence d'Occidentaux est l'occasion d'une nouvelle rente, la **prise d'otages**.

C Des ressources liées aux frontières

▶ Les frontières politiques sont d'une **grande porosité** au Sahara. La faiblesse des États constitue un avantage comparatif majeur pour les trafics en tous genres. La frontière fournit une rente aux pouvoirs locaux, qui monnaient le droit de passage.

▶ La frontière constitue même une ressource à part entière, en raison des **différences de taxation**. C'est le cas pour le lait en poudre, acheté à prix subventionné en Algérie, exporté en fraude dans les États du Sahel avec un gros bénéfice.

CONCLURE

Le désert saharien est un espace à la territorialisation incertaine. Ses ressources considérables, liées aux matières premières ou aux circulations, expliquent les conflits qui s'y expriment à de multiples échelles.

Le Sahara, un espace de conflits

32

(→ DÉPLIANT, X ET XI)

? QUIZ p. 73

Quels sont les conflits qui traversent l'espace saharien ?
À quelles échelles ces conflits peuvent-ils être analysés ?

1 Des conflictualités transsahariennes

A Le traumatisme nomade

▶ Les frontières entravent les déplacements des peuples nomades mais ne signifient rien pour eux. Populations nomades et États sahariens modernes ont donc des **intérêts contradictoires.**

▶ Redoutés des sédentaires tout au long de leur histoire, les nomades subissent aujourd'hui des changements dramatiques : déclin du nomadisme et des oasis, **progrès de la sédentarisation et de l'urbanisation**. Leurs modes de vie traditionnels s'en trouvent bouleversés.

B L'exemple des Touaregs

▶ Présents dans six États, **2,5 millions de Touaregs**, appelés « hommes bleus » en raison de la couleur de leur voile, peuplent le Sahara. Dans les nouveaux États, les Touaregs se retrouvent dans une situation dominée, en voie de **sédentarisation forcée**, malgré des révoltes sanglantes au Mali et au Niger.

▶ Certains, mercenaires dans la Libye du colonel Kadhafi, aujourd'hui lourdement armés, se sont lancés dans de **nouvelles rébellions** visant à la création de l'Azawad, État touareg dans le nord-Mali. Ils ont été soutenus puis supplantés par les islamistes.

2 Des conflictualités régionales : l'exemple du Sahara occidental

A Sahara marocain ou république sahraouie ?

▶ Le conflit du Sahara occidental illustre l'**opposition entre deux puissances régionales.** Le Maroc annexe en 1975 (« marche verte ») cette ancienne colonie espagnole. Le Front Polisario proclame alors la République arabe sahraouie démocratique (RASD), avec le soutien de l'Algérie où il se réfugie devant la poussée militaire marocaine.

▶ Dans les années 1980, le Maroc construit un mur de défense, le « **mur des sables** », se réservant ainsi les ressources de l'Ouest. Un référendum d'autodétermination est toujours attendu, sans cesse différé.

B L'enjeu des ressources naturelles

▶ La présence de **ressources naturelles importantes** (pétrole, or, uranium, minerais stratégiques, comme le tantale ou le niobium) n'est pas étrangère au **blocage de la situation**.

▶ L'Algérie comme le Front Polisario dénoncent régulièrement la « **spoliation massive** » des ressources naturelles sahraouies par le Maroc. Mais l'importance de l'enjeu contribue au maintien du statu quo, favorable aux Marocains.

3 Des conflictualités globales

A Le Sahara, frontière migratoire de l'Europe

▶ Le Sahara est devenu une frontière migratoire pour l'Europe. Des populations y transitent à destination de l'Union européenne, qui tente de réguler ces flux via des **accords avec les États d'Afrique du Nord**.

▶ D'ordinaire, seuls **10 à 20 % des migrants transsahariens** cherchent à la rejoindre. La grande majorité préfère s'employer au Sahara libyen ou algérien. Depuis le « **printemps arabe** », toutefois, les migrations clandestines s'accroissent.

B Le Sahara, sanctuaire du terrorisme international ?

▶ Le Sahara devient aussi un espace conflictuel dans la lutte contre le terrorisme global. Les **groupes djihadistes** salafistes bénéficient de la grande porosité des frontières et de l'inefficacité du contrôle territorial des États sahariens.

▶ La **rébellion touarègue au Mali** a été l'occasion d'une prise de contrôle au nord du pays. Il a fallu l'intervention militaire française pour y mettre un terme provisoire en 2013.

▶ Depuis 2014, les forces françaises de l'opération Barkhane luttent contre les groupes terroristes islamistes au Sahara et au Sahel.

CONCLURE

Le Sahara connaît des conflictualités à de multiples échelles : transsaharienne, régionale, globale, qui démontrent la vigueur des recompositions géopolitiques à l'œuvre.

Enjeux et défis démographiques africains

33

QUIZ p. 73

Quelle est l'ampleur de la croissance démographique africaine ? Quels en sont les défis ?

1 Une bombe démographique ?

A La plus forte croissance démographique du monde

▶ En 2017, l'Afrique compte **1,247 milliard d'habitants.** C'est le continent où la croissance démographique est la plus forte.

CHIFFRES CLÉS **L'Afrique comptera 2,4 milliards d'habitants en 2050 et 4,5 milliards en 2100.**

▶ L'Afrique ne comprenait que 7 % de la population mondiale en 1900, mais plus de 16 % à présent et 25 % en 2050. Son **poids relatif augmente** donc considérablement.

B Une transition démographique encore en cours

▶ La cause majeure de cette forte augmentation est l'entrée, depuis 1950, dans la **transition démographique**. La mortalité a beaucoup diminué, mais la **natalité** reste très élevée (34 ‰) et la fécondité très forte (4,45 enfants par femme).

▶ Ce passage d'un régime démographique « naturel » à un régime « artificiel » se traduit par des **soldes naturels très élevés** (2,4 %).

C Des stades d'avancement différents

▶ L'Afrique du Nord comme l'Afrique australe sont déjà bien avancées dans leur **transition démographique** (fécondité de 2,7), alors que le reste de l'Afrique voit seulement le début de la baisse de la fécondité (5,4 en moyenne).

▶ Le **sida** représente un facteur d'incertitude, surtout en Afrique australe (16,5 % des adultes y sont infectés).

2 La croissance démographique : chance ou fardeau ?

A Le continent de la jeunesse

▶ L'Afrique est un continent jeune : 41 % de sa population a moins de 15 ans (31 % en Afrique australe et septentrionale, 44 % sur le reste du continent).

▶ Le **passage de ces jeunes à l'âge de la fécondité** promet des décennies de croissance.

B La démographie comme charge

▶ Plus de **400 millions d'enfants africains sont à nourrir, à éduquer, à soigner**. D'ici à 15 ans, 330 millions de personnes arriveront sur le marché de l'emploi.

▶ Le **taux de dépendance** des économies africaines est donc très élevé et les besoins d'investissements sont considérables.

C La démographie comme chance

▶ La croissance démographique permet aussi le **développement des marchés intérieurs**, générant ainsi de l'activité. Ainsi, entre 1960 et 2017, le Niger est passé de 3 à 21,5 millions d'habitants.

▶ L'Afrique sera le seul réservoir de **main-d'œuvre de la planète** dans la **deuxième partie du XXIe siècle**.

3 *L'explosion urbaine*

A Un continent rural en croissance urbaine

▶ L'Afrique est le **continent le plus rural** (60 %), mais également celui où l'urbanisation progresse le plus vite.

▶ L'Afrique septentrionale (51 %) et l'Afrique australe (59 %) sont les plus urbanisées (contre 38 % en Afrique subsaharienne).

B Les défis de l'urbanisation à grande vitesse

Sécurité et infrastructures sont un problème dans toutes les villes africaines (ex. : accès à l'eau potable). Toutes les villes africaines ont leurs **bidonvilles**.

C Les villes, avant-gardes de l'évolution

▶ Les villes sont les laboratoires de l'évolution du continent. La **baisse de la fécondité** y est nettement engagée.

▶ Les villes sont également mieux reliées au reste du monde, et sont donc les lieux d'arrivée des **IDE**.

CONCLURE

L'Afrique connaît la plus forte croissance démographique et urbaine du monde. Cette croissance est à la fois une chance et un fardeau.

L'Afrique face au développement et à la mondialisation

34

? QUIZ p. 73

Quel rôle la mondialisation joue-t-elle dans la croissance africaine ?

1 *L'Afrique face au développement*

A Les retards différenciés du développement africain

▶ Le développement africain est en retard, surtout en **Afrique subsaharienne** : l'IDH y est de 0,523 en 2015, et l'Afrique abrite 34 des 48 PMA du monde. La population dont le revenu est inférieur au **seuil de pauvreté** dépasse 80 % au Burundi ou au Liberia.

▶ Pourtant, l'**économie informelle** et les solidarités familiales représentent un filet de sécurité vital pour les populations.

B Un retard multifactoriel

▶ Les **traites négrières** – orientale, saharienne et atlantique – ont déporté environ 42 millions de personnes. La domination coloniale européenne a créé des **économies de rente, littoralisées et extraverties.**

▶ Les États africains ont connu de nombreuses **guerres** (civiles ou internationales) depuis les indépendances ou, comme en Afrique du Sud, la lutte anti-apartheid, jusqu'en 1991.

▶ Souvent dominés par des oligarchies qui accaparent les richesses nationales, les États africains sont minés par une **corruption endémique**. Leurs choix économiques hasardeux ont été aggravés par la crise de la dette des années 1980.

C Aide au développement et nouveau contexte global

▶ Les États africains, en faillite, ont dû accepter les **programmes d'ajustement structurel du FMI**. La fin de la guerre froide s'est accompagnée d'une baisse de 40 % de l'aide publique au développement (**APD**).

▶ Le XXIe siècle change le contexte : en 2000, l'ONU met en place les objectifs du millénaire pour le développement, puis, sur la période 2015-2030, 17 objectifs du développement durable.

▶ Ce nouveau contexte ouvre une **fenêtre d'opportunité** pour le continent. La forte croissance économique mondiale jusqu'en 2008 propulse l'Afrique dans la mondialisation.

2 L'Afrique dans la mondialisation

A L'intégration par les matières premières

▶ L'Afrique est riche en matières premières agricoles, minières ou énergétiques, souvent exploitées par des **firmes transnationales.**

▶ Cette richesse génère des **économies de rente.** 64 % des exportations africaines sont des matières premières. Mais la croissance économique des pays émergents renchérit leur prix.

▶ Le taux de croissance des PIB africains a été de 4,1 % en moyenne par an de 2000 à 2016. L'augmentation des exportations africaines montre l'**insertion croissante du continent dans la mondialisation.**

B De nouvelles formes d'intégration

▶ Les besoins en infrastructures sont énormes. L'Afrique est devenue une **zone d'intérêt pour les investisseurs** : de 2000 à 2015, les IDE ont plus que quintuplé pour atteindre 55 milliards de dollars.

▶ L'intégration à la mondialisation se fait aussi par la consommation. Les **classes moyennes** africaines montent en puissance : environ 370 millions de personnes, soit 30 % de la population.

▶ L'**intégration par les TIC** est plus manifeste encore : l'Afrique est devenue le 2e marché mondial pour la téléphonie mobile.

C L'Afrique, enjeu international

▶ Les **liens** et la **dépendance envers l'Europe**, ancienne puissance coloniale, restent forts. L'UE a signé des accords de partenariat économique, qui établissent des préférences commerciales et une aide au développement.

▶ L'Afrique a acquis un **intérêt géopolitique pour les États-Unis** (guerre globale contre le terrorisme et pétrole du golfe de Guinée). Les importations et les IDE en provenance des États-Unis sont en forte croissance.

▶ La **Chine** investit massivement dans l'énergie et les mines, mais aussi dans le secteur manufacturier, l'agriculture et les services.

CHIFFRE CLÉ La Chine est depuis 2009 le premier partenaire commercial de l'Afrique : 210 milliards de dollars d'échanges en 2013.

CONCLURE

Le retard de l'Afrique est encore très important. Toutefois, son insertion récente dans la mondialisation lui ouvre de réelles perspectives de croissance et de développement.

Quiz express 35

Cochez la ou les bonnes réponses.

L'Afrique

1 Le Sahara, un désert aux ressources convoitées

	Vrai	Faux
1. La contrainte majeure du Sahara est l'aridité.	☐	☐
2. La population du Sahara est essentiellement nomade et rurale.	☐	☐
3. Le Sahara comprend de vastes ressources en matières premières.	☐	☐

2 Le Sahara, un espace de conflits

	Vrai	Faux
1. Les conflits au Sahara sont tous liés à l'échelle globale.	☐	☐
2. Les terroristes d'AQMI ont fait du Sahara leur sanctuaire.	☐	☐
3. Les migrants transsahariens se dirigent tous vers l'UE.	☐	☐

3 L'Afrique face au développement et à la mondialisation

Quels sont les signes de l'intégration de l'Afrique dans la mondialisation ?

☐ a. les exportations accrues de matières premières
☐ b. l'inexistence des classes moyennes
☐ c. les investissements massifs de la Chine sur le continent

4 Enjeux et défis démographiques africains

	Vrai	Faux
1. L'Afrique compte moins d'un milliard d'habitants.	☐	☐
2. L'Afrique est encore un continent majoritairement rural.	☐	☐
3. L'Afrique sera prochainement le seul réservoir de main-d'œuvre de la planète.	☐	☐

Corrigés !

Score : ... / 11

1 Le Sahara, un désert aux ressources convoitées

Fiche 31

1. et 3. Vrai. L'aridité au Sahara est extrême : moins de 150 mm de précipitations par an, et moins de 50 mm dans le cœur hyper-aride. Les ressources du Sahara sont importantes : pétrole, eau fossile, minerais divers...

2. Faux. La population du Sahara est aujourd'hui très majoritairement sédentaire et presque à 90 % urbaine.

2 Le Sahara, un espace de conflits

Fiche 32

1. et 3. Faux. Les conflits existent à toutes les échelles : trans-saharienne, régionale et globale. Seulement 10 à 20 % des migrants vont vers l'UE.

2. Vrai. Les États sahariens n'ont pas les moyens de contrôler un territoire immense et désertique, laissant libre place à AQMI.

3 L'Afrique face au développement et à la mondialisation

Fiche 34

Réponses a et c. Les matières premières, notamment minières et énergétiques, sont exportées dans le monde entier. Les échanges entre la Chine et le continent africain ont atteint 210 milliards de dollars en 2013. Les classes moyennes africaines, sorties de la pauvreté, dépassent les 370 millions de personnes.

4 Enjeux et défis démographiques africains

Fiche 33

1. Faux. L'Afrique compte 1,247 milliard d'habitants et connaît une croissance démographique rapide : 2,4 % par an.

2. et 3. Vrai. L'Afrique inclut encore 60 % de ruraux, mais la population urbaine progresse vite. C'est le seul continent où la population adulte va augmenter massivement, offrant ainsi une main-d'œuvre nombreuse.

L'Afrique

UNE CARTE POUR MÉMORISER

L'indice de développement humain en 2015

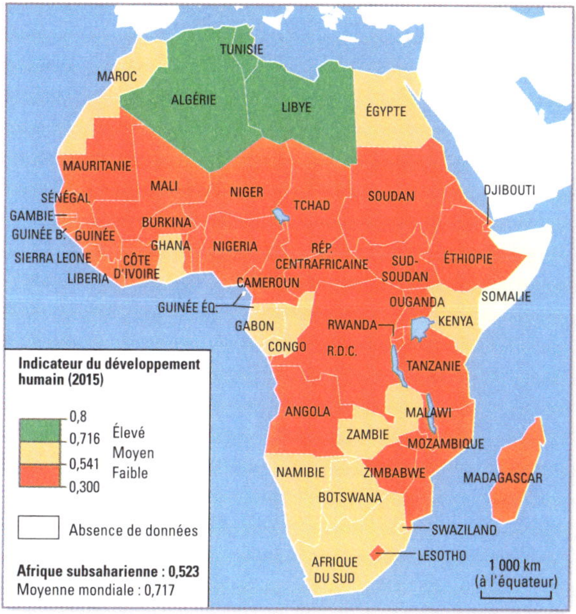

LES DÉFINITIONS

- **apartheid** (« développement séparé ») : ségrégation raciale mise en place en Afrique du Sud entre 1948 et 1991.
- **territoire** : espace structuré et mis en valeur par l'homme.
- **oasis** : lieu de vie autour d'un point d'eau dans le désert.
- **bidonville** : habitat précaire à faible coût et autoconstruit.

▶ **programme d'ajustement structurel** : programme d'assistance économique mis en place par le FMI pour remettre un État défaillant sur une trajectoire économique viable.

▶ **seuil de pauvreté** : 1,25 $ de revenu par jour, en parité de pouvoir d'achat.

▶ **taux de dépendance** : taux de charge des inactifs sur les actifs.

LES IDÉES ESSENTIELLES

L'Afrique : développement et mondialisation

Enjeux et défis démographiques

- Croissante forte
- Continent jeune
- Opportunités (main-d'œuvre)
- Explosion urbaine
- Transition démographique

Développement

- Faible IDH
- Grande pauvreté
- Importance de l'économie informelle
- Poids de l'histoire (traite négrière, colonisation, corruption)

Mondialisation

- Intérêt géopolitique pour l'Europe, la Chine, les États-Unis.
- Économie de rente mais croissance économique
- Intégration par IDE et consommation des classes moyennes

LES CHIFFRES CLÉS

Enjeux et défis démographiques
• Population : 1,247 milliard (16 % de la population mondiale). • Population active : 482 millions en 2017 ; 523 millions en 2020. • Solde naturel : 2,4 %. • 41 % de la population a moins de 15 ans.
Développement et mondialisation
• IDH de l'Afrique subsaharienne : 0,399 en 1990 – 0,523 en 2015. • 64 % des exportations sont des matières premières (pétrole surtout). • Taux de croissance annuel moyen du PIB: 2000-2016 : + 4,1 %.

Mumbai, une mégapole en réaménagement

37

(→ DÉPLIANT, XII)

? QUIZ p. 85

Pour quelles raisons Mumbai est-elle une mégapole et une ville mondiale ? Quelles sont les conséquences sur l'espace urbain ?

1 *Mégapole et métropole*

A Une mégapole en croissance

▶ La croissance de l'agglomération de Mumbai est foudroyante : 1 million d'habitants en 1911, **plus de 22 millions aujourd'hui.** Elle sera la plus peuplée du monde d'ici 2020.

▶ Mumbai est aussi une ville compacte, une **ville de l'ultra-densité** : 35 000 hab./km², avec des pics à 100 000.

▶ Le site est cependant fort peu commode : un ensemble d'îlots reliés les uns aux autres, la « *island city* ». Ces contraintes expliquent un **développement spatial gigantesque**, sur plus de 60 km du sud au nord.

B Une métropole majeure

▶ **Capitale de l'État géant du Maharashtra** (121 millions d'habitants), Bombay est rebaptisée Mumbai en 1996.

▶ C'est la **métropole la plus riche de l'Inde** : elle en assure 5 % du PIB, 25 % de l'industrie, 40 % du trafic portuaire international et 70 % des flux de capitaux.

▶ Son influence sur l'économie indienne se mesure au degré de **contrôle que le capitalisme local exerce sur le reste du pays.**

C Une ville mondiale ?

▶ Bombay fut dès l'origine une ville de la mondialisation. Sa situation sur l'océan Indien explique son succès : au XIXe siècle, elle fut l'**interface privilégiée** entre la métropole britannique et l'empire des Indes.

▶ Mumbai est toujours la **porte d'entrée de l'Inde sur le monde,** rassemblant les sièges sociaux des multinationales indiennes et la plus grande bourse régionale. Un aéroport international la relie à l'archipel mégalopolitain mondial.

▶ Le *soft power* est bien représenté : **Bollywood**, capitale du cinéma indien, premier cinéma mondial en nombre de films.

2 *Un espace en réaménagement constant*

A Gentrification et métropolisation

▶ Les **mutations spatiales** de cette mégapole engorgée sont liées à son accession au rang de ville mondiale.

▶ Les **classes populaires sont chassées du centre d'affaires** et repoussées vers les banlieues : c'est la **gentrification**.

▶ **Mumbai centre perd des habitants** : – 5,75 % entre 2001 et 2011, alors que les banlieues proches gagnent 8 % et les banlieues lointaines 36 %. Le centre garde les activités haut de gamme.

B L'industrie repoussée en périphérie

▶ Au commencement était le **textile** : en 1853, Bombay voit la création de la première filature de coton, activité à laquelle les importations britanniques assureront le succès.

▶ Aujourd'hui, Mumbai reste une **grande ville industrielle**, bien servie par un port en eau profonde. Presque toutes les branches sont représentées : industries chimiques et pétrolières, automobiles, machines-outils.

▶ La métropolisation oblige les ateliers à la fermeture et **repousse le corridor industriel vers la banlieue nord** jusqu'à Delhi.

C Aménagement et desserrement sur le *Greater Mumbai*

CHIFFRE CLÉ Aux heures de pointe, Western et Central Railways déversent au centre-ville 2 000 voyageurs par minute.

▶ Mais l'**engorgement** demeure. La ville est l'une des plus polluées au monde.

▶ Les projets d'aménagement se succèdent. Les banlieues nord poursuivent leur extension et une ville nouvelle a été implantée de l'autre côté de la baie : **Navi Mumbai**.

▶ D'autres projets améliorent et **modernisent les infrastructures** : trois lignes de métro, monorail aérien, systèmes de conduite ferroviaire automatisée…

CONCLURE

Porte d'entrée de la puissance indienne émergente, Mumbai est une mégapole en forte croissance dont s'affirment les fonctions mondiales. Cette évolution génère d'importants processus spatiaux qui restructurent l'espace urbain.

Mumbai, la ville de tous les contrastes

38

(→ DÉPLIANT, XII)

? QUIZ p. 85

Quels sont les effets socio-spatiaux du développement et de la métropolisation à Mumbai ?

1 *Une ville cosmopolite et contrastée*

A Une ville cosmopolite

▶ Mumbai doit sa croissance au **facteur migratoire** autant que naturel. 40 % de ses habitants sont des migrants de l'Inde entière. L'**accroissement migratoire** représente 50 % de l'accroissement total.

▶ On y parle un **grand nombre de langues** : le marathi, langue officielle, mais aussi l'hindi, le gujarati et l'anglais. On y pratique toutes les religions : hindoue (80 %), mais aussi musulmane, chrétienne, sikhe, parsie, bouddhiste, juive…

B Un laboratoire de l'émergence indienne

▶ Malgré les bidonvilles, le revenu moyen à Mumbai est le triple du revenu national. La ville est le **moteur économique principal du pays**.

▶ Mumbai est devenue le laboratoire de l'émergence indienne, où s'élaborent les standards de vie de la **classe moyenne indienne**.

C Une ville de violents contrastes sociaux

▶ Mais si Mumbai compte plus de **millionnaires** que le reste du pays, elle abrite aussi les populations les plus pauvres dans des bidonvilles géants : les ***slums***.

▶ Ces contrastes se traduisent dans l'espace urbain. De puissants processus socio-spatiaux produisent des **territoires urbains nettement différenciés**.

2 *Mumbai la riche : la ville de l'émergence*

A Les quartiers de standing du sud

▶ Au sud, les quartiers de standing, comme Malabar Hill où réside **l'élite politique, économique et artistique** de la ville.

▶ À l'extrême sud, on trouve le quartier de standing de la **ville moderne** : Marine Drive et ses hôtels de luxe.

B Les quartiers d'affaires du centre-nord

▶ De nouveaux centres d'affaires ont été créés au nord, en complément du cœur historique, saturé : Worli, Bandra Kurla, Oshiwara. Nariman Point est le premier et le plus important des quartiers.

▶ Ces quartiers se transforment ainsi en **centres décisionnels**, avec immeubles de bureaux et gratte-ciel, sièges sociaux des multinationales indiennes et des filiales étrangères.

C Les nouveaux centres décisionnels

▶ Un troisième centre décisionnel se dessine à Bandra Kurla, **près de l'aéroport**, avec hôtels, immeubles et centres commerciaux.

▶ Des **aménagements** relient ces quartiers, tel le Bandra-Worli Sea Link, un pont de 5,6 km. Mais l'espace manque.

3 *Mumbai la pauvre : la ville des slums*

A La Mumbai des *slums*

▶ Les *slums* abritent la moitié de la population dans les **espaces interstitiels**, marécageux, proches des quartiers industriels.

▶ Ces poches de pauvreté occupent des espaces très convoités dans une ville où les **concurrences spatiales** sont exacerbées. La métropolisation induit une **ségrégation spatiale.**

B Dharavi, bidonville monstre

▶ Parmi ces *slums*, Dharavi, l'**un des plus grands bidonvilles d'Asie**, compte 1 million d'habitants.

▶ Dharavi est aussi une zone d'**activité économique informelle** (5 000 unités industrielles : textile, cuir, broderie).

C Dharavi, espace convoité

▶ Mais Dharavi représente aujourd'hui un espace convoité : la tentation est grande d'**expulser les pauvres.**

▶ Le « Dharavi Redevelopment Project » prévoit de libérer l'espace pour de **fructueuses opérations immobilières.**

CONCLURE

Mumbai est une ville cosmopolite et contrastée, où se côtoient les quartiers modernes de la métropole émergente et les *slums* caractéristiques d'une ville du Sud.

L'Asie du Sud et de l'Est : la moitié de l'humanité

QUIZ p. 85

Quels sont les défis posés par une population considérable ?

1 La moitié du monde

A D'énormes masses démographiques

▶ La masse démographique de l'Asie du Sud et de l'Est est colossale : sur 7,5 milliards d'humains, la zone en regroupe plus de **4 milliards**.

CHIFFRE CLÉ **L'Asie du Sud, de l'Est et du Sud-Est représentent plus de la moitié de l'humanité : 56 %.**

▶ L'Asie méridionale compte 1,758 milliard d'habitants (**1,343 en Inde**) ; l'Asie orientale, 1,625 milliard (**1,388 pour la seule Chine**, État le plus peuplé du monde) ; l'Asie du Sud-Est, 648 millions.

B Des comportements démographiques contrastés

▶ Les pays les plus développés ont une **démographie avancée** (solde naturel de 0,3 % en Corée du Sud, négatif au Japon). La Chine a freiné violemment sa croissance démographique (+ 0,43 % : politique de l'enfant unique à partir de 1979, abolie en 2016).

▶ Mais l'Inde ne ralentit que lentement et atteindra 1,660 milliard d'habitants en 2050. L'Asie du Sud connaît encore une **croissance démographique relativement élevée**.

C D'exceptionnelles densités rurales

▶ Ces populations sont très denses, notamment dans les campagnes : **plaines et deltas rizicoles** concentrent parfois 1 000 hab./km².

▶ L'Asie reste donc **fortement rurale** : l'Inde l'est encore à 67 % et la Chine (à 43 %) n'est majoritairement urbaine que depuis 2011.

2 De grandes aires de civilisation

A La civilisation chinoise

▶ L'Asie de l'Est est le berceau d'**une des plus grandes civilisations** : la civilisation chinoise, vieille de 35 siècles.

▶ L'empire chinois perdure jusqu'en 1911 avec une remarquable **stabilité spatiale et philosophique** (confucianisme). Le monde sinisé s'étend jusqu'aux Corées et au Japon.

B La civilisation indienne

▶ L'Asie du Sud est marquée par la civilisation indienne. Sa religion majoritaire, l'**hindouisme**, est apparue il y a 35 siècles.

▶ Mais le monde indien, unifié par la colonisation britannique, est **aujourd'hui très divisé**, opposant l'Inde au Pakistan musulman.

C Le carrefour du Sud-Est asiatique

▶ L'Asie du Sud-Est est un **assemblage complexe**, héritier d'influences chinoises et indiennes, marqué par l'hindouisme et le bouddhisme.

▶ À partir du XVe siècle, la région a aussi connu l'influence de l'**islam** en Indonésie et en Malaisie ou du **catholicisme** aux Philippines.

3 Le développement à l'aune de la démographie

A De grandes disparités de niveau de vie

▶ La disparité des niveaux de vie (PIB/hab. du Japon : 38 900 $; Bangladesh : 1 359 $) induit des **problématiques de développement différentes.**

▶ L'Asie du Sud reste marquée par une **grande pauvreté**, qui est en voie de réduction en Asie de l'Est et du Sud-Est.

B Une fenêtre d'opportunité démographique

▶ L'Asie de l'Est se trouve dans une configuration démographique très favorable, avec un **faible taux de dépendance de ses économies**, où dominent les classes d'âge adultes.

▶ La Chine représente **23 % de la population active mondiale.**

▶ En Asie du Sud, le poids des jeunes représente un **défi considérable** en termes d'équipements, d'éducation…

C Des perspectives différenciées

▶ L'avenir est lourd d'incertitudes : le Japon et la Corée du Sud stagnent, et la **Chine vieillit** très vite.

▶ Seule l'Asie du Sud devrait entrer dans une période favorable, avec des **classes adultes** plus nombreuses.

CONCLURE

La population de l'Asie du Sud et de l'Est (50 % de la population mondiale) poursuit sa croissance à des rythmes différents : ralenti en Asie de l'Est, élevé en Asie du Sud.

Des Asies entre croissance et développement

40

QUIZ p. 85

Comment s'est réalisée la croissance asiatique ? Peut-on réellement parler de développement ?

1 Des Asies en croissance

A La croissance asiatique : le « vol d'oies sauvages »

▶ La croissance asiatique a été **inégale dans le temps et dans l'espace** : elle s'est réalisée par vagues, en commençant par le Japon (ère Meiji de 1868, puis « haute croissance » des années 1955-1973).

▶ Dès les années 1960, les quatre « **Dragons** » (Hong Kong, Corée du Sud, Taïwan, Singapour) ont suivi, produisant pour l'exportation et remontant les filières industrielles.

▶ Dans les années 1970, c'est le tour des « **Tigres** » (Thaïlande, Malaisie, Indonésie, Philippines), puis, dans les années 1980, celui de la Chine et des pays de 3e génération (Vietnam). L'Asie du Sud décolle depuis les années 1990.

B Pays leaders, pays émergents

▶ Les niveaux de développement sont encore très différents. Le Japon et les Dragons, particulièrement la Corée du Sud, sont des pays leaders dans la **division régionale du travail**.

▶ La Chine, depuis 1979, voit les IDE affluer. Son PIB a été multiplié par 20 en trente ans. Elle devient « **l'usine du monde** » : 1er exportateur depuis 2009 ; 2e économie mondiale depuis 2010.

▶ L'Inde a libéralisé son économie à partir de 1991. 6e économie mondiale en 2017, avec une croissance supérieure à celle de la Chine, l'Inde se spécialise dans les services informatiques : c'est le « **bureau du monde** ».

C Les modalités spatiales de la croissance asiatique

▶ La croissance asiatique s'est réalisée par l'insertion dans la **division internationale du travail** impulsée par les firmes transnationales.

▶ Les échanges ont explosé et les **économies asiatiques se sont littoralisées**. L'Asie compte 9 des 10 premiers ports mondiaux et d'immenses façades maritimes, interfaces de la mondialisation.

▶ Les grandes **métropoles asiatiques** – Tokyo, Séoul, Shanghai, Singapour, Hong Kong – sont devenues de grands centres d'impulsion de l'économie mondiale.

2 Des Asies en développement ?

A La croissance asiatique à l'épreuve du temps

▶ La croissance asiatique **dévore la main-d'œuvre et les matières premières** à un rythme peu soutenable.

▶ Elle est aussi **partiellement artificielle** : la moitié de la croissance chinoise est due aux investissements, le reste est fondé sur la colossale épargne des ménages et l'utilisation de technologies étrangères.

▶ La **convergence** des pays émergents d'Asie avec les pays développés de la Triade est réelle. Mais les **délocalisations** se dirigent à présent vers l'Asie méridionale ou le Vietnam, voire l'Afrique.

B Une croissance inégale ?

▶ Le développement est incontestable : l'IDH de l'Asie de l'Est est passé de 0,516 en 1990 à 0,720 en 2015 ; celui de l'Asie du Sud de 0,438 à 0,621. **Les classes moyennes se développent.**

▶ La mondialisation favorise les littoraux sur les espaces intérieurs. **Les campagnes restent attardées** face à l'essor urbain.

▶ La montée des **inégalités sociales** accompagne le développement. En Chine, les 10 % les plus riches contrôlent 45 % de la richesse.

C Une croissance au détriment de l'environnement ?

▶ La Chine de loin est le **1er émetteur mondial de gaz à effet de serre.** Un « nuage brun » de **pollution** surplombe l'Asie orientale.

▶ La littoralisation des économies asiatiques et les fortes densités entraînent un accroissement des **risques naturels et industriels** (catastrophe nucléaire de Fukushima en 2011).

▶ La prise en compte des questions environnementales est encore très inégale. Priorité est donnée au développement.

CONCLURE

La croissance asiatique, en « vol d'oies sauvages », a généré un incontestable développement. L'Asie est globalement émergente, bien que marquée par les inégalités et d'immenses défis environnementaux.

Quiz express

Cochez la ou les bonnes réponses.

41

L'Asie du Sud et de l'Est (1)

1 *Mumbai, une mégapole en réaménagement*

	Vrai	Faux
1. L'agglomération de Mumbai dépasse 20 millions d'habitants.	☐	☐
2. Le centre-ville de Mumbai perd ses habitants.	☐	☐
3. Mumbai est une métropole mondiale aux fonctions tertiaires de haut niveau.	☐	☐

2 *Mumbai, la ville de tous les contrastes*

	Vrai	Faux
1. Les quartiers d'affaires sont localisés au sud de la ville.	☐	☐
2. Les *slums* sont des bidonvilles.	☐	☐
3. Dharavi est le plus grand bidonville d'Asie.	☐	☐

3 *Des Asies entre croissance et développement*

Parmi ces propositions, lesquelles caractérisent le mieux la croissance asiatique ?

☐ a. Les économies asiatiques sont massivement littoralisées.

☐ b. La croissance économique s'accompagne de profondes inégalités.

☐ c. La Chine est encore une économie peu polluante.

4 *L'Asie du Sud et de l'Est : la moitié de l'humanité*

	Vrai	Faux
1. L'Asie du Sud et de l'Est rassemble plus de 4 milliards d'habitants.	☐	☐
2. L'Asie du Sud et de l'Est est très majoritairement urbaine.	☐	☐
3. La Chine rassemble près du quart de la population active mondiale.	☐	☐

Corrigés !

Score : ... / 11

1 Mumbai, une mégapole en réaménagement

Fiche 37

1. et 2. Vrai. L'agglomération de Mumbai dépasse 20 millions d'habitants, mais la population quitte le centre-ville, trop cher, et s'installe dans les banlieues proches et lointaines.

3. Vrai. Cette ville mondiale concentre les fonctions de commandement.

2 Mumbai, la ville de tous les contrastes

Fiche 38

1. Faux. Les quartiers d'affaires, autrefois localisés au sud de Mumbai, s'étendent aujourd'hui au centre-nord de l'agglomération.

2. et 3. Vrai. *Slums* est le mot anglais pour désigner les « taudis » et les « bidonvilles ». Dharavi est le plus grand bidonville d'Asie (environ 1 million d'habitants).

3 Des Asies entre croissance et développement

Fiche 40

Réponses a et b. Le littoral est l'interface privilégiée des économies asiatiques. Dans ces pays, le développement est rapide et s'accompagne de nombreuses inégalités. La Chine est le premier pays émetteur mondial de CO_2 : un nuage brun de pollution plane en permanence au-dessus de l'Asie orientale.

4 L'Asie du Sud et de l'Est : la moitié de l'humanité

Fiche 39

1. et 3. Vrai. L'Asie du Sud et de l'Est rassemblent plus de la moitié de l'humanité. Près d'un travailleur sur quatre dans le monde est chinois.

2. Faux. L'Asie du Sud est encore massivement rurale.

Chine et Japon : un face-à-face historique

42

QUIZ p. 93

Quels sont les rapports entre les deux principales puissances asiatiques ?

1 De la filiation à l'agression

A Le Japon face à l'influence chinoise

▶ Dès le VIe siècle, **le bouddhisme et le confucianisme**, venus de Chine via la Corée, sont introduits au Japon. C'est le début d'une influence culturelle chinoise qui lègue idéogrammes, institutions, règles sociales, etc.

▶ L'empereur règne sur la Chine, mais aussi sur des **États vassaux**, perçus comme barbares et assujettis à un tribut. Or, le **Japon** a toujours **refusé ce système tributaire**.

B La modernisation du Japon

▶ L'irruption des Européens en Asie orientale marque un tournant. Face au défi technologique occidental, le Japon se lance dans la **modernisation Meiji** (1868). La Chine, en revanche, se voit imposer dès 1842 les « **traités inégaux** », qui marquent pour elle le début du « siècle de la honte ».

▶ La montée en puissance japonaise se traduit par l'**expansionnisme colonial vers la Corée et la Chine** (massacre de Nankin en 1937). La Chine orientale est occupée par le Japon jusqu'à la victoire américaine de 1945.

2 Croissances et reconnaissance

A Reconstruction et haute croissance

▶ Après la reconstruction, pendant la phase de « haute croissance » (1955-1973), le PIB du Japon augmente de 10 % par an. Le **Japon** devient la **2e puissance économique mondiale** en 1968.

▶ La **Chine devient communiste** en 1949 avec la victoire de **Mao Zedong**. Le gouvernement nationaliste se réfugie à Taïwan. En 1972, le Japon reconnaît la Chine populaire.

▶ Mais la Chine reste engluée dans le maoïsme du « **Grand Bond en avant** » (1958-1961) et de la **Révolution culturelle** (1966-1976).

B Le réveil chinois

▶ Il faut attendre la mort de Mao en 1976 et les « **quatre modernisations** » de **Deng Xiaoping** en 1979 pour que la Chine ouvre son économie et son territoire au capitalisme. En trente ans, la Chine rattrape et dépasse le Japon.

▶ Depuis 1990, le Japon connaît une croissance molle, mais demeure une grande puissance économique. Chine et Japon sont ainsi, pour la première fois, **simultanément des puissances régionales**.

3 *Des atouts différents*

A Des démographies différentes ?

▶ La **Chine** possède l'atout d'une population de **1,388 milliard d'habitants**, contre **126 millions** pour le **Japon**. La population chinoise rassemble 23 % de la population active mondiale, mais elle commence à diminuer en 2018.

▶ Avec un solde naturel négatif (– 0,27 %) et une immigration nulle, le Japon est entré en **décroissance** : 97 millions de Japonais prévus en 2050. Mais la Chine vieillit encore plus : en 2050, il n'y aura plus « que » 1,366 milliard de Chinois, dont 30 % de personnes âgées.

B Deux poids lourds de l'économie mondiale

▶ La Chine, grâce aux IDE et à ses investissements considérables, est devenue « l'usine du monde ». Le Japon risque d'être distancé en raison de la **faiblesse de sa croissance**, même si son PIB/hab. est de 38 900 $ contre 8 123 en Chine.

▶ La Chine est un **pays émergent**, avec une classe moyenne croissante, une industrie qui monte en gamme et de forts excédents commerciaux. Mais le Japon reste une **économie ultra-moderne**, à l'avance technologique considérable, **leader de la mondialisation**.

CONCLURE

Longtemps influencé par la Chine, le Japon l'a à son tour dominée à partir de 1868. Après le réveil chinois de 1979, les deux pays sont aujourd'hui simultanément des puissances régionales. Leurs atouts respectifs s'équilibrent, malgré la masse démographique chinoise.

Chine et Japon : entre complémentarité et concurrence

43

QUIZ p. 93

Jusqu'à quel point et dans quels domaines Chine et Japon sont-ils concurrents au niveau régional ?

1 La complémentarité du « circuit intégré asiatique »

A Un Japon toujours donneur d'ordres

CHIFFRE CLÉ La part de la Chine dans la valeur ajoutée d'un iPhone théoriquement « made in China » est de moins de 4 %.

▶ Les **grandes firmes japonaises** jouent un rôle considérable. Elles ont investi massivement depuis trente ans dans une Chine qui leur assurait une **plate-forme manufacturière idéale.**

▶ La Chine exporte ainsi des produits « made in China » dont les composants à forte valeur ajoutée viennent en réalité du Japon. Chine et Japon sont donc **plus complémentaires que concurrents** dans le « circuit intégré asiatique ».

B Le court-circuit chinois

▶ Mais la Chine n'est pas un pays émergent comme les autres : sa masse démographique, la taille de son économie et ses marges financières considérables lui permettent de **sortir progressivement de cette position dominée.**

▶ Les **transferts de technologies** occidentales l'aident à combler son retard. Les transferts technologiques allemands ont ainsi permis à la Chine de produire un TGV « 100 % chinois ». Aussi la Chine, court-circuitant la remontée de filières industrielles, se pose désormais en **concurrente du Japon.**

2 Les difficultés de l'intégration régionale

A L'enjeu de l'ASEAN

▶ Dans l'intégration régionale, Chine et Japon sont en concurrence. Toute la question est de **savoir au profit de qui s'opérera l'intégration,** qui peut modifier les équilibres économiques de la région.

▶ L'ASEAN est une zone de libre-échange et un forum de coopération politique. Face à l'**ASEAN +3** (qui vise à établir des accords de libre-échange entre l'ASEAN, la Chine, le Japon et la Corée du Sud), le Japon s'efforce de promouvoir un **ASEAN +6** (en intégrant également l'Australie, la Nouvelle-Zélande et l'Inde).

B L'Organisation de coopération de Shanghai (OCS)

▶ Créée en 2001, l'**OCS** regroupe la **Chine**, la **Russie** et **quatre pays d'Asie centrale**. Elle inclut également des pays observateurs, qui pourraient potentiellement intégrer l'organisation (Iran, Inde, Pakistan, Mongolie, Afghanistan).

▶ Le statut de pays observateur a été refusé au Japon ainsi qu'aux États-Unis. La Chine affirme ainsi son **leadership régional**. Sa situation géographique lui permet de jouer un rôle pivot : au nord l'OCS, au sud l'ASEAN +3.

3 *Des contentieux géopolitiques*

A Le contentieux mémoriel

▶ Chine et Japon témoignent de **nationalismes** en voie d'affirmation ou de résurgence. La Chine ne manque pas de rappeler le massacre de Nankin et les crimes de guerre perpétrés par l'armée japonaise entre 1937 et 1945.

▶ Le **sanctuaire shintoïste Yasukuni**, à Tokyo, dédié aux morts pour le Japon, est un enjeu très sensible depuis que les noms de certains criminels de guerre y ont été ajoutés.

B Le cas des îles Senkaku/Diaoyu

▶ Les **îles Senkaku/Diaoyu** ne sont que des îlots entre Taïwan et Okinawa. Administrées par le Japon depuis 1895, ces îles sont **revendiquées tant par Taïwan que par la Chine populaire**.

▶ Des incidents s'y produisent régulièrement. La zone a pris un nouvel intérêt en raison des **gisements pétroliers offshore**. Mais l'affaire des Senkaku/Diaoyu permet aussi au régime chinois de préserver son unité intérieure autour d'un nationalisme anti-nippon fédérateur.

CONCLURE

Chine et Japon sont plus complémentaires que concurrents dans le domaine économique. Toutefois, la Chine affirme ses ambitions économiques et géopolitiques régionales.

Chine et Japon : des ambitions mondiales

44

QUIZ p. 93

Comment s'expriment les ambitions chinoises et japonaises à l'échelle mondiale ? Quels sont les moyens de leurs ambitions respectives ?

1 Des soft powers *balbutiants* ?

A Le *Cool Japan* à la conquête du monde

▶ Chine comme Japon ont la puissance nécessaire pour jouer un rôle mondial. Le **Japon** a beaucoup développé son ***soft power*** : mangas, dessins animés (Miyazaki), jeux vidéo.

▶ Le Japon fournit une importante **aide au développement** : environ 10 milliards de dollars par an. Il participe largement aux **opérations de l'ONU** avec douze interventions depuis 1992, mais toujours avec des non-combattants.

B Le développement du *soft power* chinois

▶ Le ***soft power* chinois** est en plein essor, surtout en direction des pays du Sud, qui apprécient les principes chinois de non-ingérence et l'inconditionnalité de son aide.

▶ Les 510 **instituts Confucius** dans 140 pays enseignent la langue et l'histoire de la Chine. Les médias mondiaux diffusent l'**image d'une Chine moderne**, lors des Jeux olympiques de Pékin en 2008 ou de l'Exposition universelle de Shanghai en 2010.

2 *Une inégalité du* hard power *à nuancer*

A Des héritages diplomatiques inégaux

▶ Sur le plan du *hard power*, la situation est contrastée. La **Chine** fait partie des vainqueurs de 1945 et détient donc un siège de **membre permanent au Conseil de sécurité de l'ONU** (depuis 1971, où elle prend la place de Taïwan).

▶ Le **Japon**, vaincu en 1945, n'a pas ce statut qui donne un droit de veto. Il est toutefois le pays qui a été le plus souvent élu **membre non permanent** (20 ans), mais sa revendication au statut de membre permanent est bloquée par la Chine.

B Forces et faiblesses militaires

▶ Puissance nucléaire, la Chine modernise ses forces armées : le budget militaire est le 2e mondial. La sécurisation des routes maritimes passe par la **stratégie du « collier de perles »** dans l'océan Indien.

▶ Les forces japonaises d'autodéfense ont hérité de 1945 l'interdiction d'actions offensives et d'armes nucléaires. Leur budget est cependant le 7e mondial, avec la **protection militaire américaine.** Il est en forte hausse depuis 2013, en réaction à la menace chinoise.

3 Les dimensions de la projection mondiale

A La course aux matières premières et aux marchés mondiaux

▶ Les ambitions mondiales du Japon, comme de la Chine, s'expriment à travers la course aux marchés mondiaux et la recherche des matières premières nécessaires à leur développement économique. Les deux pays sont en effet très **dépendants de l'extérieur** : la Chine est le 1er importateur mondial de pétrole depuis 2013, le Japon est le 3e.

▶ Cette dépendance partagée explique les **liens privilégiés avec le Moyen-Orient et la Russie.** Elle explique également la concurrence acharnée que se livrent leurs firmes à travers le monde pour l'exploitation des gisements d'énergie et de matières premières, notamment en Afrique.

B Quels projets de puissance ?

▶ La puissance chinoise est au service de la « **géopolitique des trois cercles** » : rassembler les Chines historiques (Hong Kong, Macao, Taïwan), s'imposer dans l'aire Asie-Pacifique, affirmer sa puissance au niveau mondial, notamment face à l'hyperpuissance américaine.

▶ À l'échelle mondiale, en dépit de quelques regains nationalistes, le **Japon** n'a pas de volonté d'affirmation de puissance. Il se prépare plutôt à devenir une « **Suisse de l'Asie, prospère et pacifique** ».

CONCLURE

Bien que relativement comparables dans leurs moyens actuels de *hard* comme de *soft power*, Chine et Japon ont des ambitions mondiales différentes. Le Japon est plus tourné vers l'influence économique, tandis que la Chine tend vers une expression globale de sa puissance.

Quiz express

Cochez la ou les bonnes réponses.

45

L'Asie du Sud et de l'Est (2)

1 Le Japon face à l'influence chinoise

Comment l'influence chinoise s'est-elle étendue au Japon ?

- ☐ a. par le bouddhisme
- ☐ b. par le développement du confucianisme
- ☐ c. par la domination vassalique

2 Chine et Japon : un face-à-face historique

	Vrai	Faux
1. La population chinoise est dix fois plus importante que celle du Japon.	☐	☐
2. Le Japon est la 2e économie mondiale.	☐	☐
3. De nos jours, Chine et Japon sont simultanément puissances régionales.	☐	☐

3 Le court-circuit chinois

Pour quelles raisons la Chine n'est-elle pas un pays émergent comme les autres ?

- ☐ a. sa population de 1,388 milliard d'habitants
- ☐ b. la taille massive de son économie
- ☐ c. ses réserves financières colossales

4 Chine et Japon : entre complémentarité et concurrence

	Vrai	Faux
1. La Chine est membre de l'ASEAN.	☐	☐
2. La Chine est membre de l'OCS.	☐	☐
3. Les îles Senkaku appartiennent à la Chine.	☐	☐

5 Chine et Japon : des ambitions mondiales

	Vrai	Faux
1. Le budget militaire chinois augmente régulièrement d'au moins 10 % par an.	☐	☐
2. Le *soft power* japonais s'affirme à travers l'image du *Cool Japan*.	☐	☐
3. La Chine et le Japon sont tous deux membres permanents du Conseil de sécurité de l'ONU.	☐	☐

Corrigés !

Score : ... / 14

1 Le Japon face à l'influence chinoise

Fiche 42

Réponses a et b. Bouddhisme et confucianisme, venus de Chine, ont pénétré le Japon par la Corée. En revanche, le Japon a toujours refusé le statut de vassal de la Chine et ne lui a jamais payé tribut.

2 Chine et Japon : un face-à-face historique

Fiche 42

1. et 3. Vrai. Il y a 1,388 milliard de Chinois et 126 millions de Japonais. Au plan géostratégique, Chine et Japon sont actuellement tous deux en position de dominer le même espace.

2. Faux. La Chine est aujourd'hui la 2e économie mondiale, reléguant le Japon au 3e rang.

3 Le court-circuit chinois

Fiche 43

Réponses a, b et c. Avec sa population énorme, la Chine est une puissance économique considérable qui se traduit par des excédents commerciaux très importants, générant des réserves financières colossales.

4 Chine et Japon : entre complémentarité et concurrence

Fiche 43

1. et 3. Faux. La Chine fait partie de l'ASEAN +3, ce qui lui permet d'entretenir des relations relativement faciles avec les membres de l'ASEAN. Les îles Senkaku sont la propriété du Japon, mais sont revendiquées par la Chine.

2. Vrai. L'Organisation de coopération de Shanghai regroupe la Chine, la Russie et 4 pays d'Asie centrale.

5 Chine et Japon : des ambitions mondiales

Fiche 44

1. et 2. Vrai. Le budget militaire chinois a officiellement augmenté de 7 % en 2017. Le *Cool Japan* repose sur une culture originale, produisant mangas, dessins animés ou jeux vidéo.
3. Faux. La Chine est un membre permanent du Conseil de sécurité de l'ONU. Le Japon, vaincu en 1945, ne l'est pas, même s'il est régulièrement élu au Conseil de sécurité comme membre non permanent.

Récap' express 46

L'Asie du Sud et de l'Est

LES DÉFINITIONS

▶ **ASEAN** : Birmanie, Brunei, Cambodge, Indonésie, Laos, Malaisie, Philippines, Singapour, Thaïlande et Vietnam.

▶ **Dragons** : Hong Kong, Corée du Sud, Taïwan, Singapour.

▶ **Tigres** : Thaïlande, Malaisie, Indonésie, Philippines.

▶ **circuit intégré asiatique** : division régionale du travail en Asie orientale, impulsée par les firmes transnationales.

▶ **« collier de perles »** : réseau de facilités navales chinoises entre la Chine et le golfe Persique, pour sécuriser la route du pétrole.

▶ **« vol d'oies sauvages »** : processus de développement dont le « V » inversé symbolise la diffusion de la croissance dans l'espace et le temps.

LES IDÉES ESSENTIELLES

Chine/Japon : concurrence régionale, ambitions mondiales

Chine	Japon
Données générales	
• 1,388 milliard d'habitants • 2e économie mondiale • 1er exportateur mondial • PIB/hab. : 8 123 $ • 1res réserves mondiales de change • « Usine du monde »	• 126 millions d'habitants • 3e économie mondiale • 4e exportateur mondial • PIB/hab. : 38 900 $ • « Économie leader » • Produits de haute technologie
Concurrence régionale, ambitions mondiales	
• Conseil de sécurité de l'ONU • 2e budget militaire mondial • Diaspora, instituts Confucius • « Géopolitique des trois cercles »	• G8 • 7e budget militaire mondial • Mangas, jeux vidéo • « Suisse de l'Asie »

LES SCHÉMAS POUR MÉMORISER

L'Asie du Sud et de l'Est : les défis de la population et de la croissance

L'Asie du Sud et de l'Est : les défis de la population et de la croissance

La moitié de l'Humanité	Des Asies en croissance	Des Asies en développement ?
• Grandes aires de civilisation • Plus de 4 milliards d'habitants • Amorce de vieillissement • Grande disparité des niveaux de vie	• « Vol d'oies sauvages » • Un pays leader : Japon • Des pays émergents : Chine, Inde • Croissance par insertion dans la DIT • Littoralisation des économies	• Croissance fondée sur la main-d'œuvre, les matières premières, les technologies occidentales • Essor des classes moyennes • Inégalités • Environnement sacrifié

Chine/Japon : concurrences régionales, ambitions mondiales

Chine Japon concurrences régionales, ambitions mondiales

Un face-à-face historique	Complémentarité et concurrence	Des ambitions mondiales
Deux puissances régionales Japon : 3e économie mondiale Chine : ouverture depuis 1979, 2e éco mondiale **Des atouts différents** Japon : leader : 126 millions d'hab. population âgée Chine : émergente : 1,4 milliard d'hab. vieillissement	**Circuit intégré asiatique** Japon : donneur d'ordres Chine : plate-forme d'assemblage mais de + en + concurrente **Intégration régionale difficile** • ASEAN • OCS **Contentieux géopolitiques** • Nationalismes • Senkaku/Diaoyu	***Soft powers* balbutiants** Japon : *Cool Japan* Chine : Instituts Confucius, JO de Pékin ***Hard powers* inégaux** Japon : 7e budget militaire Chine : 2e budget militaire, ONU **Projections mondiales** Chine : puissance mondiale Japon : « Suisse de l'Asie » ?

Achevé d'imprimer en France par Loire Offset Titoulet
N° imprimeur : 2017102288
Dépôt légal : n° 04420-3/01 - Octobre 2017

Récap expres

Pôles et flux de la mondialisation

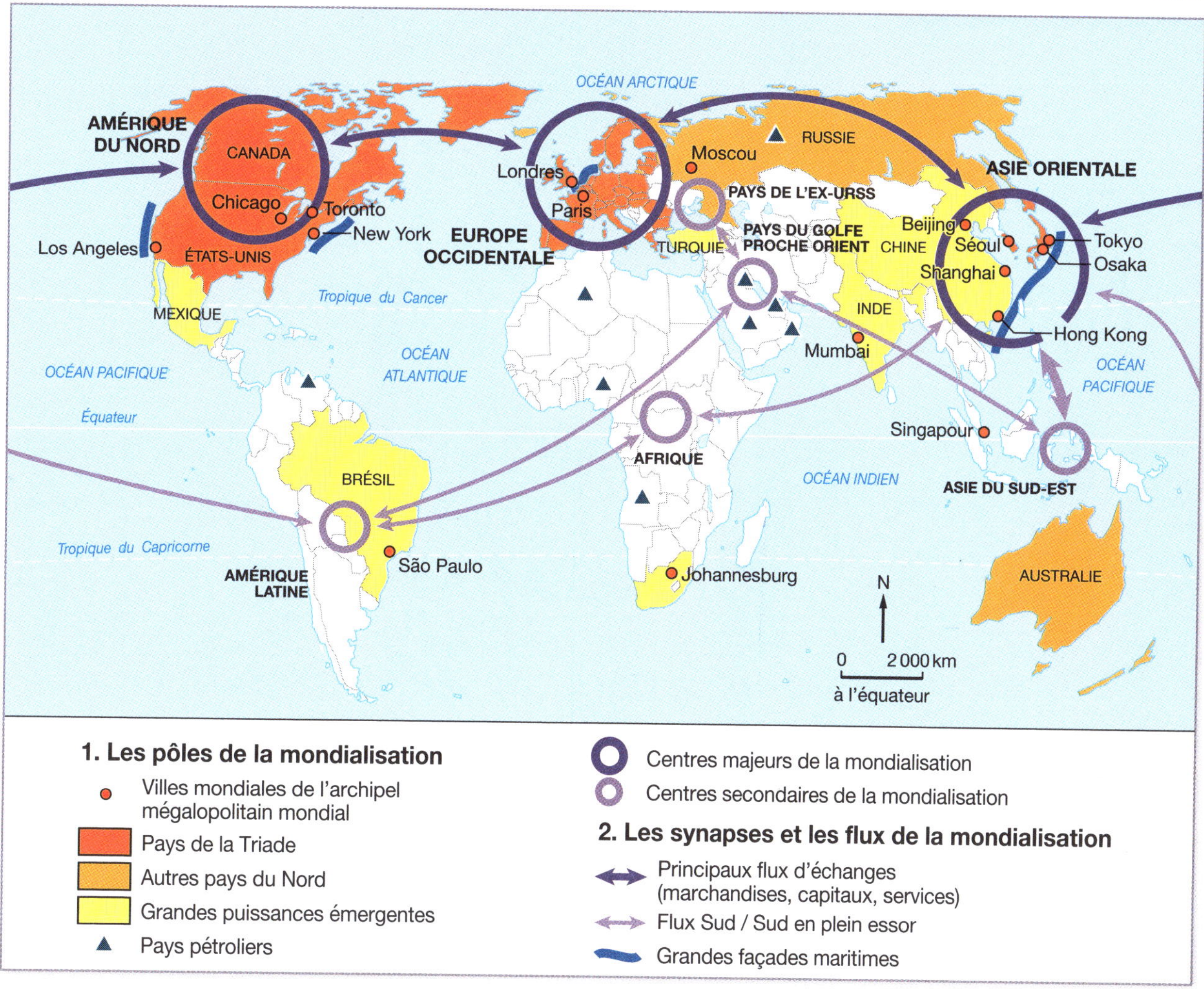

1. Les pôles de la mondialisation

- Villes mondiales de l'archipel mégalopolitain mondial
- Pays de la Triade
- Autres pays du Nord
- Grandes puissances émergentes
- Pays pétroliers
- Centres majeurs de la mondialisation
- Centres secondaires de la mondialisation

2. Les synapses et les flux de la mondialisation

- Principaux flux d'échanges (marchandises, capitaux, services)
- Flux Sud / Sud en plein essor
- Grandes façades maritimes

oppement

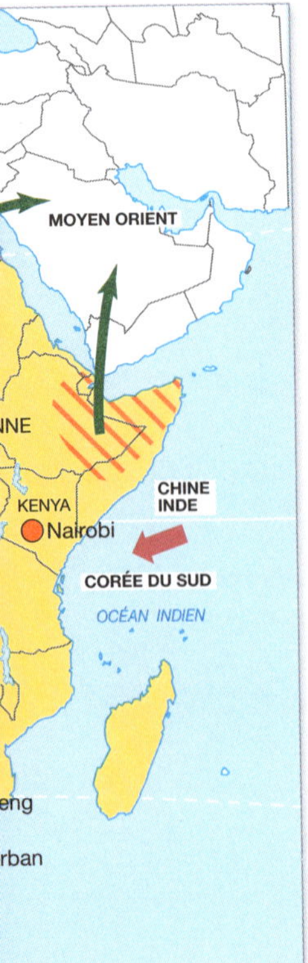

e niveau mondial
'hydrocarbures
e minerais
re
:
erais, produits agricoles
Sud)

Mumbai : une métropole du Sud en forte croissance

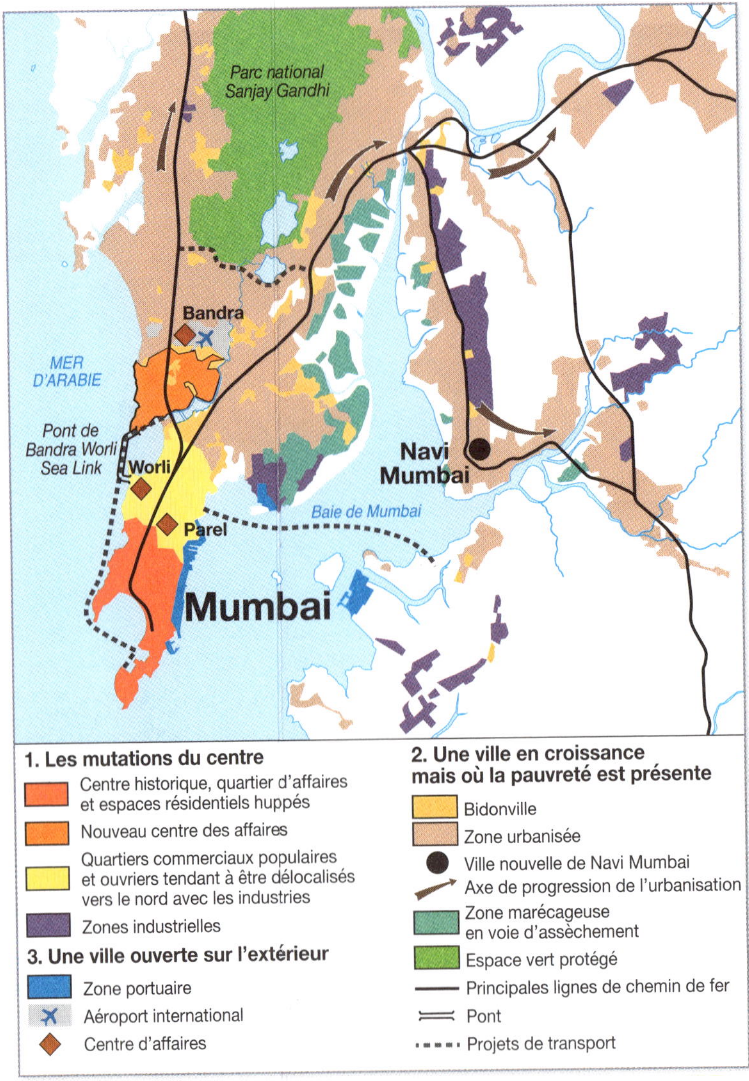

1. Les mutations du centre
- Centre historique, quartier d'affaires et espaces résidentiels huppés
- Nouveau centre des affaires
- Quartiers commerciaux populaires et ouvriers tendant à être délocalisés vers le nord avec les industries
- Zones industrielles

3. Une ville ouverte sur l'extérieur
- Zone portuaire
- Aéroport international
- Centre d'affaires

2. Une ville en croissance mais où la pauvreté est présente
- Bidonville
- Zone urbanisée
- Ville nouvelle de Navi Mumbai
- Axe de progression de l'urbanisation
- Zone marécageuse en voie d'assèchement
- Espace vert protégé
- Principales lignes de chemin de fer
- Pont
- Projets de transport

Une inégale intégration des territoires dans la mondialisation

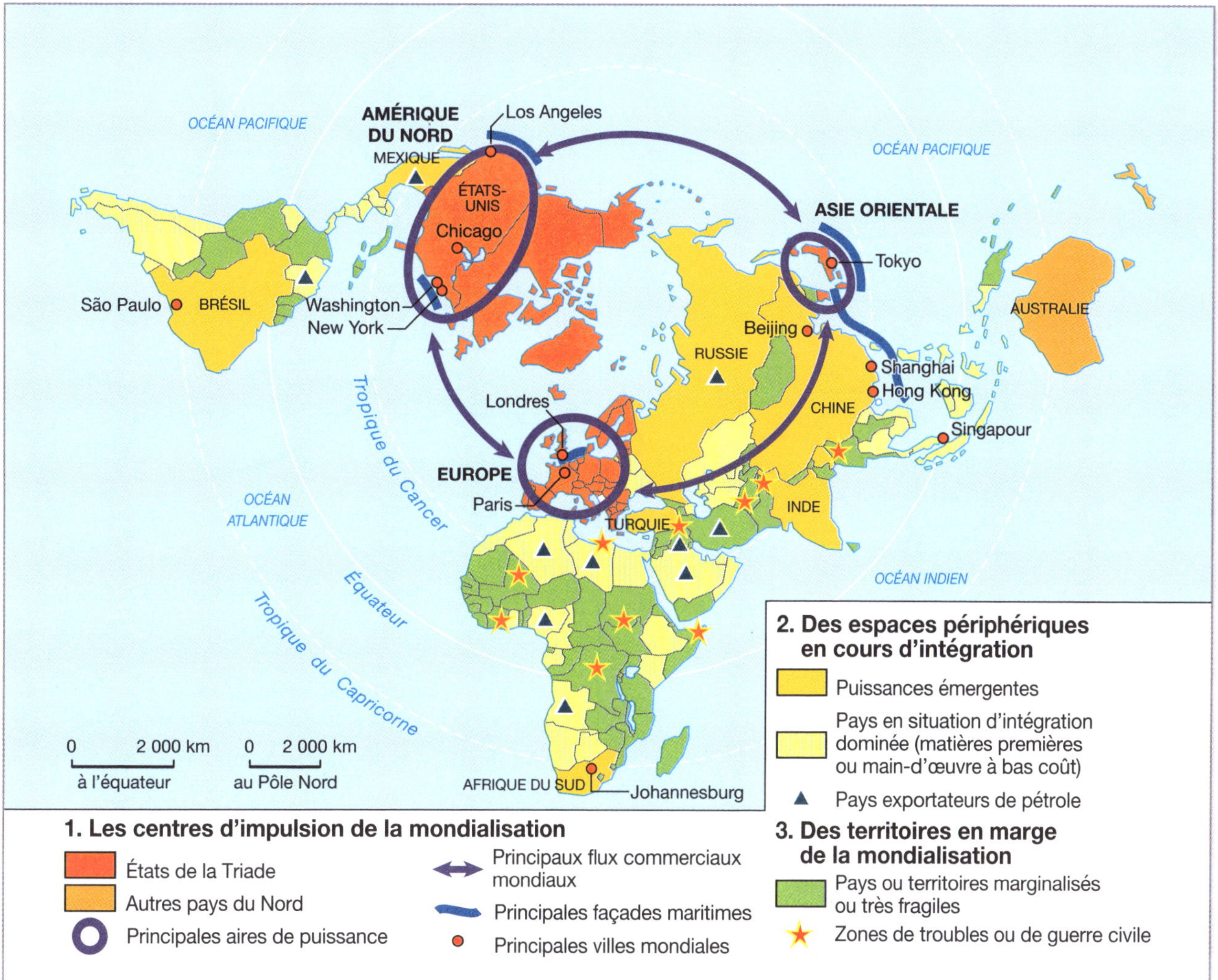

rritoriales du Brésil

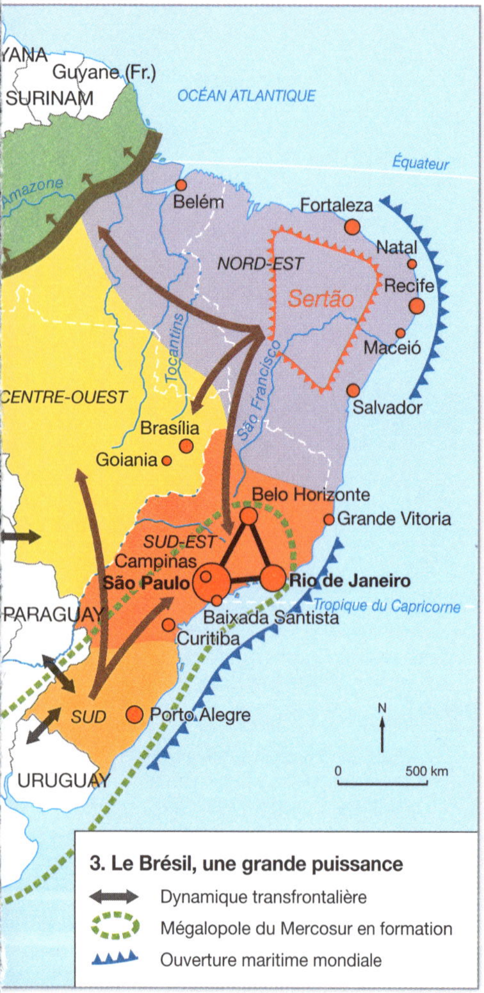

Le continent africain : contrastes de déve
et inégale intégration à la mondialisation

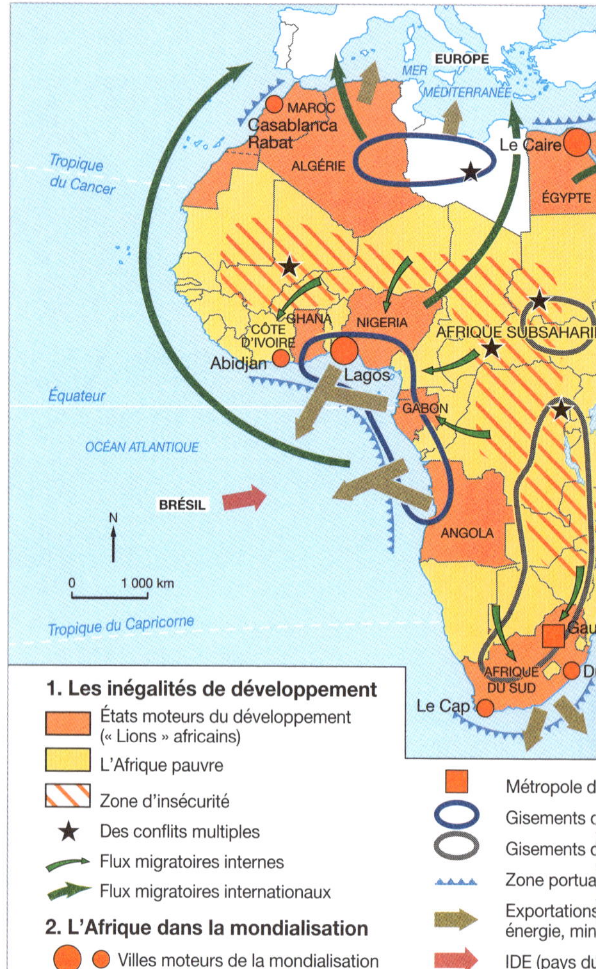

Les espaces maritimes : approche géostratégique

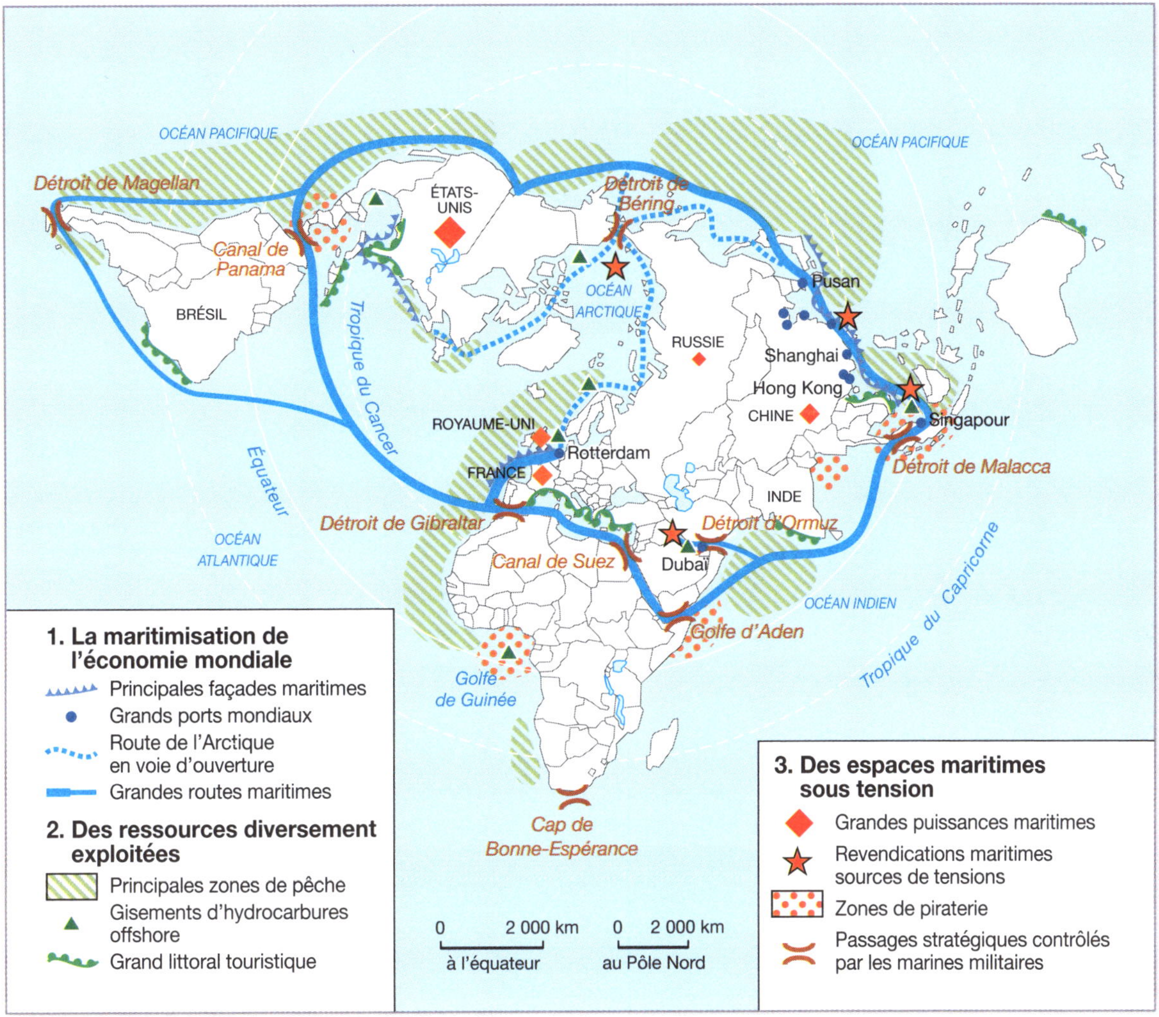

Les dynamiques territoriales des États-Unis

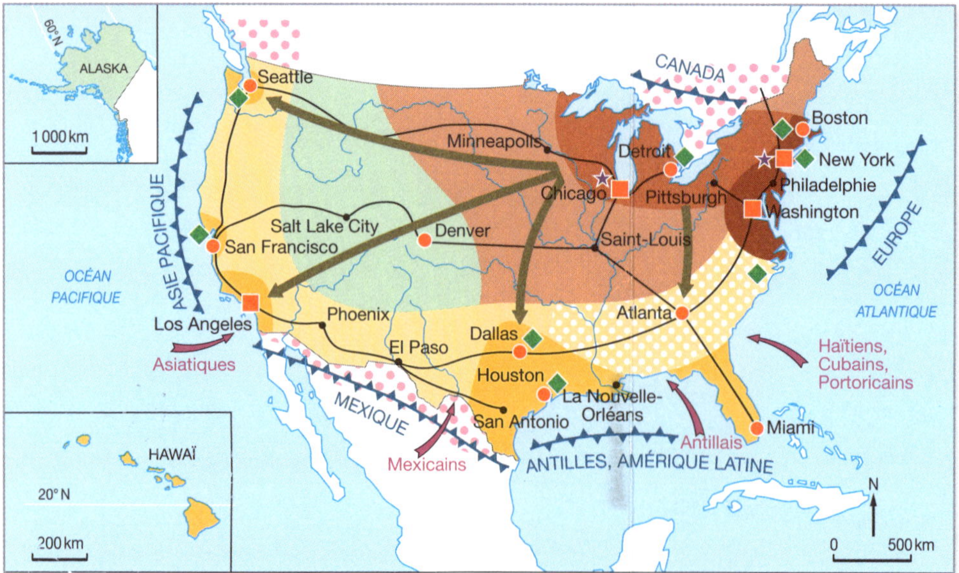

1. Les centres et les périphéries

- Mégalopolis qui concentre les pouvoirs de décision
- Centre industriel en profonde mutation
- Périphérie intégrée
- Centres des périphéries dynamiques
- Croissant périphérique dynamique
- Vieux Sud revitalisé
- Hautes terres de l'Ouest et Alaska, périphéries en réserve

2. Les facteurs structurants du territoire

- Centres de décision mondiaux
- Centres régionaux
- Grandes bourses
- Principaux technopôles
- Principaux axes terrestres
- Flux démographiques internes
- Immigration
- Interfaces
- Intégration régionale transfrontalière

Les dynamiques te

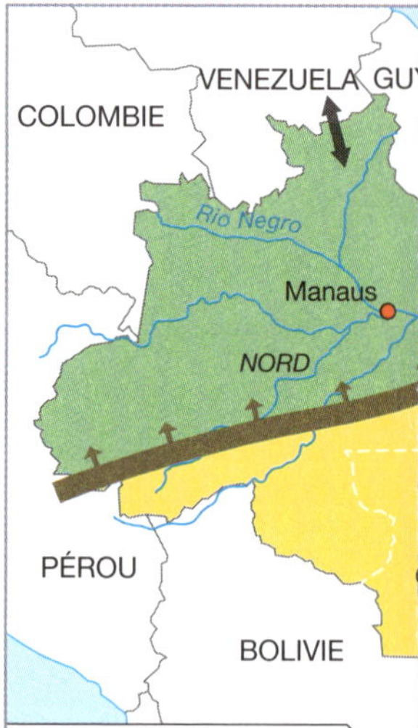

1. L'occupation humaine

Une urbanisation inégale

- 18 millions d'habitants
- 5
- 1
- Migrations internes

2. Les contrastes régionaux

- Concentration d'activités de services
- Agriculture capitaliste et industries
- Grande culture et élevage extensif
- Agriculture vivrière en crise
- Amazonie
- Cœur industriel
- Région repoussoir
- Arc de déboisement